Margery (Gred)

Eine Geschichte aus dem alten Nürnberg

(Band 2)

Georg Ebers

(Übersetzerin: Clara Bell)

Writat

Diese Ausgabe erschien im Jahr 2024

ISBN: 9789359946528

Herausgegeben von
Writat
E-Mail: info@writat.com

Inhalt

KAPITEL VI.

Der Sommer ließ nach; Der Hafer im Wald wurde geerntet und die Weinlese hatte in den Weinanbaugebieten begonnen. Es war ein wirklich herrlich sonniger Tag; Und wenn Sie mich fragen, zu welcher Jahreszeit das Waldleben schöner ist, ob im Frühling oder im Herbst, kann ich es kaum sagen.

Ja, es ist in der Tat schön im Wald, wenn der Frühling fröhlich hereinbricht. Der Frühling ist sozusagen der Erlöser all der zahllosen Menschen, groß und klein, die dort grün und blühen, weshalb der Wald ein Fest zu seinem Geburtstag feiert und Wiegenfest, wie es nur passend ist! Die Tannenzweige erhellen die Spitzen ihrer Zweige, so wie es Kinder zur Weihnachtszeit mit Kerzen machen. Dann kommt die Großzügigkeit. Es dauert viel länger als einen Abend, und die Geschenke, die allen zuteil werden, sind zahllos und in der Tat leuchtend und vielfältig anzusehen. So wie die Glocke eines Vaters die Kinder zusammenbringt, so rufen die Schneeglöckchenglocken alle anderen Blumen hervor. An erster Stelle steht die Primel, und Schlüsselblumen – die Schlüssel des Himmels, wie wir sie nennen – öffnen die Tore für alle anderen Kinder des Frühlings. „Komm raus, komm raus!" Die heimkehrenden Vögel schreien aus den Büschen, und an jedem Zweig sprießen silbergraue Kätzchen. Buchenblätter brechen aus ihren scharfen, braunen Hüllen und öffnen sich dem Licht, so weich wie Taft und so grün wie Smaragde.

Die anderen Bäume folgen dem Beispiel und bringen ihren Zweigen bei, einen Laubschatten gegen die höher aufsteigende Sonne zu spenden. Jedes Geschöpf, das seine Art liebt, findet eine Stimme unter dem blühenden Mai, und der stumme Wald ist erfüllt vom Ruf und der Antwort dankbarer und freudig liebender Dinge, die zusammengekommen sind, und von süßen Melodien und Liedern der Brautfreude.

An tausend geheimen Orten sind runde Nester entstanden – in den Baumwipfeln, im dichten grünen Wald der Büsche, im Schilf des Sumpfes; Bevor dort junge Lebewesen zwitschern, rufen sich Vater und Mutter gegenseitig zu, singen guten Mutes und haben Freude daran, sich um ihre Jungen zu kümmern. Während ich durch den Wald gehe, kommt es mir in dieser Zeit der Liebe, des Wachstums und der Entfaltung des Lebens so vor, als sei mir die liebende Güte des Allerhöchsten näher denn je; Denn der Wald gleicht einer Kirche, einer herrlichen Kathedrale auf höchstem Niveau, erfüllt von Licht und Gesang und geschmückt in jedem Winkel und jeder Ecke mit fröhlichen frischen Blumen und Blattkränzen.

Dann ist plötzlich alles still. Es ist Sommer.

Aber im Herbst ist der Wald ein Bankettsaal, in dem die Männer Abschied nehmen müssen, aber mit gutem Mut und in der Hoffnung auf ein glückliches Treffen. Alles, was gelebt hat, eilt dem Grab entgegen. Dennoch trägt an manchen schönen Tagen alles das Gesicht eines Freundes, der ihm zum Abschied die Hand reicht. Die weiten Gewölbe des Waldes sind fein geschmückt mit roter und gelber Pracht, und obwohl die Stimmen der Vögel nur wenige sind, obwohl der Schrei des Eichelhähers und der Gesang der Nachtigall und die Pfeife des Gimpels stumm sein müssen, das Grünholz ist nicht stummer als im Frühling; Das Horn des Jägers hallt durch die Bäume und weit über ihre Wipfel hinweg, mit dem Bellen der Hunde, dem Klatschen der Treiber und den Jägern, die der Aussicht Hallo zurufen. Jedes aufgeweckte, starke, gesunde Menschenkind fühlt sich dann als Herr über alles, was kriecht und fliegt, und seine Seele ist bereit, sich aus seiner Brust zu erheben. Wie rein ist die Luft, wie würzig ist der Duft der gefallenen Blätter an so einem Herbsttag! Im Frühling, wahrlich, weiß und rosarot, blau und gelb kariert den grünen Rasen; aber jetzt leuchten Gold und Purpur in den Baumwipfeln und auf den Elsbeerbäumen. Die Entfernung ist klarer als zuvor, und feine Silberfäden wehen in der Luft, als wollten sie uns einfangen und uns im Wald festhalten, dessen Schönheit so schnell verblasst.

Die sonnige Herbstluft war voll von diesen Fäden, als Ann und ich uns am St. Maurice-Tag , dem 22. September, auf den Weg machten, um die Vögel einzuholen, die an den für sie aufgestellten Federn gefangen worden waren.

Wenn die Vögel früh zum Schwärmen und Fliehen kommen,
wird der Winter hart und kalt sein,

sagt die Säge des Holzfällers; und sie hatten sich Anfang dieses Jahres versammelt – Drosseln und Ackerdrosseln; Oftmals war die Beute so reichlich, dass unsere kleinen Geldbeutel sie kaum fassen konnten, und es war schade, so manche fröhliche, melodische Rothaarige zu sehen.

Die Quellen befanden sich in geringem Abstand auf beiden Seiten zweier Waldwege. Ich ging die eine und Ann die andere hinunter. Sie trafen sich wieder in der Nähe der Straße, die in die Stadt führte. Balzer legte die Schlingen, und wir waren stolz darauf, wer die größere Beute nach Hause tragen sollte; und als wir unsere Aufgabe erledigt hatten, saßen wir auf einem Grassitz, den der Junker für mich gemacht hatte, und erzählten die Geschichte von den Vögeln und hielten es für einen guten Spaß. Wir brauchten auch keinen Knappen, denn Spond , der große Jagdhund, würde uns jemals folgen.

An diesem Tag war ich mir sicher, dass ich mehr Vögel in meiner Brieftasche hatte, und ging guten Herzens dem Ende des Weges entgegen.

Ich glaubte bereits, das Geräusch von Hufen auf der Straße gehört zu haben, und nun schnupperte der Hund in der Luft, also bewegte ich, neugierig, meine Füße etwas schneller, bis ich einen Reiter erblickte, der aus seinem Sattel sprang und sein Ross verließ , eilte auf die Lichtung zu, zu der Ann nun von ihrer Seite kommen musste. Daraufhin bahnte ich mir einen Weg durch das Unterholz, das mich am Sehen hinderte, und als ich bald Ann kommen sah und meine Lippen öffnete, um zu rufen, schien es mir, als würde mich etwas an der Kehle packen , und ich wollte am liebsten stehen bleiben, als hätte ich es getan Dort hatte er Wurzeln geschlagen und konnte nur nach Luft schnappend Augen und Ohren für das haben, was dort an der Landstraße vor sich ging. Und wahrlich, ich wusste nicht, ob ich mich aus tiefstem Herzen freuen oder klagen und zornig sein und losfliegen sollte, um dem Ganzen ein Ende zu bereiten.

Dennoch bewegte ich kein Glied und meine Zunge war wie verzaubert. Das Herz in meiner Brust und die Adern in meinem Kopf schlugen, als würden Hämmer in mein Inneres einschlagen; Meine Augen waren benommen, obwohl sie so gut sehen konnten wie immer, und ich erspähte zuerst auf der einen Seite der Lichtung den Reiter, der kein anderer war als Herdegen , meinen geliebten älteren Bruder, und auf der anderen Seite Davon trug Ann ihre Brieftasche in der Hand und zählte mit einem zufriedenen Lächeln die Vögel auf, die sie aus den Fallen geholt hatte.

Doch bevor ich Zeit hatte, den zurückgekehrten Reisenden zu begrüßen , hallte eine Stimme durch den Wald – es war die Stimme meines Bruders, und doch kam es mir so vor , als sei sie es nicht; es sprach nur ein Wort „Ann!“ Und in dem langgezogenen Schrei lag ein Klang von Herzensfreude und liebeskummer Sehnsucht, wie ich ihn noch nie zuvor gehört hatte, außer von dem Nachtigallliebhaber, wenn er in den stillen Mainächten seiner Geliebten den Hof macht. Dieser Schrei drang in mein Herz, sogar in meins; und es brachte die Farbe in Anns Gesicht, das schon lange nicht mehr blass war. Wie eine Hirschkuh, die aus einem Dickicht hervorkommt und ihr Junges auf der Lichtung weidet, hob sie den Kopf und schaute mit leuchtenden Augen zur Hauptstraße, von der der Ruf gekommen war. Dann, obwohl sie noch weit voneinander entfernt waren, trafen seine Augen auf ihre und ihre auf seine, und sie hoben ihre Arme, als hätte eine unsichtbare Kraft sie beide bewegt, und flogen einander entgegen. Es gab keinen Zweifel und keine Pause; und ich sah deutlich, dass sie dahingetragen wurden wie Blumen in einem reißenden Strom; obwohl sie, oder jemals sie ihn erreichte; Sie wurde von mädchenhafter Scham ergriffen, ihre Arme fielen herab und ihr Kopf neigte sich. Aber der kleine Vogel hatte sich zu weit in die Quelle hineingewagt, und der Vogelfänger war nicht der Mann, ihn entkommen zu lassen; Bevor Ann eine solche Tat vorhersehen konnte , hatte er beide Arme um sie gelegt, und sie hinderte ihn nicht daran, nein, denn sie konnte es nicht.

Also klammerte sie sich an ihn und ließ zu, dass er ihren Kopf hob und ihre Augen und dann ihren Mund küsste, und das nicht nur einmal, nein, sondern oft und immer wieder und so lange, dass ich, ein sechzehnjähriges Dienstmädchen, es war in Wahrheit verängstigt.

Da stand ich; meine Knie zitterten, und ich befürchtete, dass dies, was sie tat, etwas war, was keinem frommen Dienstmädchen geziemte und dass es dem Herzen der Mutter einer tugendhaften Tochter missfallen musste; Ja, es war mir ein Kummer, dass es hätte geschehen sollen, und dass ich das von meiner Ann wusste, was sie gerne vor dem Licht verbergen würde. Dennoch konnte ich nicht umhin, Freude daran zu empfinden, und mir kam es wie eine grausame Tat vor, sie so schnell von so süßer Glückseligkeit zu befreien.

Als ihre Lippen plötzlich frei waren und er endlich ein paar Worte zu ihr sprach, dachte ich, es sei jetzt an der Zeit, meinen Bruder zu begrüßen. Ich nahm meine ganze Kraft zusammen, und während ich auf sie zuging, kam das Bewusstsein meines Geistes zu mir zurück, denn tatsächlich hatte es mich völlig verlassen, und eine innere Stimme fragte: „Was soll daraus werden?"

Er streckte seinen Arm aus, um sie wieder an sich zu drücken, und da es mir peinlich war, an ihr Geheimnis zu gelangen, rief ich Herdegen mit Namen an, bevor ich aus dem Dickicht trat. Und bald war ich in seinen Armen; aber obwohl er mich liebevoll küsste, schien es mir, als sei etwas Seltsames auf seinen Lippen, was mir nicht gefiel, und ich erinnere mich noch daran, dass ich mein Taschentuch an meinen Mund hielt, um es davon abzuwischen.

Und dann gingen wir nach Hause. Herdegen führte sein Pferd am Zaumzeug, und Ann ging zwischen ihn und mich und blickte ihm mit leuchtenden Augen ins Gesicht, denn in diesen zwei Jahren war er an Statur und Mann gewachsen. Mit großen Ohren lauschte sie all seinen Nachrichten, doch einmal, als sein Pferd unruhig wurde und er sich von uns freundlichen Frauen abwandte, küsste sie mich auf die Wange, aber in großer Eile, als wollte sie nicht, dass er es sah. Wir wurden in der Waldhütte herzlich willkommen geheißen. Wie sehr sich mein Onkel und meine Tante über die Heimkehr meines Bruders freuten, konnte man in ihren Augen sehen, auch wenn die Mutter, die ihren eigenen Sohn verbannt hatte, beim Anblick eines so erwachsenen Jugendlichen zutiefst verletzt war.

Am Abend zuvor waren seine Exzellenz, der Lordrichter Wigelois von Wolfstein und Meister Besserer von Ulm, in die Loge gekommen. Jetzt mussten wir uns in aller Eile für das Abendessen fertig machen, und noch nie hatte Ann so sorgfältig und fleißig mit unserem kleinen Spiegel umgegangen. Als es fiel, konnten wir nur ein paar Minuten allein sein und hatten keine Gelegenheit, vertraulich miteinander zu sprechen. Dies war auch bei Tisch der Fall, und da mein Onkel sich für den Nachmittag zu einer Jagd zu Ehren seiner Gäste vorbereitet hatte und das Abendessen danach bis

Mitternacht dauerte, war dies der nicht allzu starke Faden meiner guten Geduld nicht selten in Gefahr, nachzugeben. Aber es geschahen viele Dinge, die mir Anlass zum Nachdenken gaben und die Not, die ich bereits empfand, noch verstärkten. Ann stürzte sich mit ganzem Herzen in den Sport und geriet auf dem Rückweg zusammen mit Herdegen so in Rückstand, dass sie erst lange nach Hause ankamen, nachdem sich die Tür für den letzten von uns geschlossen hatte.

Beim Abendessen nickte sie mir viele Male mit großer Zufriedenheit zu; Wäre ich nicht für irgendetwas begraben worden, was sie bemerkt hätte, denn sie hörte nur Herdegens Geschichten zu, als wären sie eine Offenbarung von oben. Er seinerseits warf ihr hin und wieder einen hastigen, feurigen Blick zu; Ansonsten tat er voller Absicht so, als hätte er wenig mit ihr zu tun. Er lehnte sich oft zurück, als wäre er müde; Und doch war er stets bereit, eine schnelle und diskrete Antwort zu geben, wenn Ihre Exzellenzen ihn zu irgendeiner Angelegenheit befragten. Er hatte nichts von seinem wunderbar klaren und scharfsinnigen Witz verloren; Dennoch fühlte ich mich bei ihm nicht mehr so wohl wie früher. Als mein Onkel im Scherz sagte, dass die weise Eule aus Padua ein buntes buntes Gefieder zu tragen schien, war seine Absicht sofort klar, als man meinen Bruder ansah; und in der feinen Kleidung, die er zum Abendessen gewählt hatte, kam mir der edle Bursche weniger in den Sinn als in dem Jagdkraut, in dem er gereist war, insofern ihm die zu große Länge der Ärmel seines Mantels beim Essen im Weg war, und die überlangen Spitzen seiner Schuhe hinderten ihn am Gehen.

Als meine Tante Jacoba bald den Saal verließ, damit die Männer den berauschenden Wein und die freiere Rede besser genießen konnten, mussten wir Mädchen ihr pflichtbewusst folgen; aber Herdegen bedeutete mir, mit ihm Schluss zu machen, und nun hoffte ich, er würde mir sein Herz öffnen und mich behandeln, wie er es gewohnt war , als meinen wahren und lieben Bruder, dessen Herz ihm immer auf der Zunge gelegen hatte. Weit davon entfernt; er sprach nichts weiter als Schmeicheleien, als „wie schön ich geworden sei“, und verlangte dann Neuigkeiten von Cousine Maud und Kunz und unserem Großonkel und schließlich von Ursula Tetzel, was mich wütend machte.

Ich antwortete ihm kurz und fragte ihn, ob er mir nicht mehr als das zu sagen hätte. Er blickte auf den Boden und sagte sich: „Sicherlich, sicher.“ Aber nach einer Minute kehrte er zu seinem ursprünglichen Verhalten zurück, und als ich ihm wütend eine gute Nacht wünschte, legte er seinen Arm um mich und drehte mich herum, als wollte er tanzen.

Ich befreite mich und ging mit hängendem Kopf hinauf in unser Zimmer. Dort fand ich meine alte Sue, die Anns schönes Kleid auszog; Und während Ann mir sehr freundlich und, wie ich dachte, mit geheimnisvoller Miene zunickte, vermutete ich, dass es die Kellnerin war, die ihr Wort hielt, und schickte meine Krankenschwester weg.

Jetzt hätte ich eher auf den Einsturz des Himmels warten sollen, als darauf, dass Ann, die engste Freundin meines Herzens, das Geheimnis darüber bewahrt, was an diesem Morgen geschehen war. und doch schwieg sie.

Wir pflegten gewöhnlich wie ein Grillenpärchen zu zirpen, während wir unsere Haare flochten und in unsere Betten gingen; aber diese Nacht war kein Laut in der Kammer. Gewöhnlich legten wir uns mit einem einfachen „Gute Nacht, Margery", „Schlaf gut, Ann" nieder, nachdem wir unsere Gebete vor dem Bild der Heiligen Jungfrau gesprochen hatten; aber diese Nacht hielt mich meine Freundin fest in ihren Armen, und als ich gerade ins Bett gehen wollte , lief sie noch einmal auf mich zu und küsste mich mit viel Wärme. Ob ich sie so liebevoll behandelte, kann ich heute nicht sagen; aber ich erinnere mich noch gut daran, dass ich stumm blieb und mein Herz vor Kummer und Schmerz zu schmerzen schien. Ich dachte, ich würde betrogen und meine wahre Liebe verachtet. War es möglich? Hat meine Ann mir nicht mehr vertraut oder hat sie mir nie vertraut?

Nein , mehr. War sie überhaupt so, wie ich geglaubt hatte, wenn sie hinter meinem Rücken ein heimliches und verbotenes Liebesspiel mit Herdegen betreiben könnte? und das, barmherzige Jungfrau, vielleicht schon seit Jahren!

Der Kegel war durchgebrannt. Wir lagen Seite an Seite und versuchten einzuschlafen, während seelische Verzweiflung und ein verletztes Herz mir Tränen in die Augen trieben.

Dann hörte ich ein seltsames Geräusch aus ihrem Bett und merkte, dass Ann ebenfalls weinte, jede Minute bitterer und tiefer. Das durchdrang die tiefsten Tiefen meiner Seele. Dennoch versuchte ich, mein Herz zu verhärten, bis ich ihre Stimme sagen hörte: „Margery!"

Damit endete unser Schweigen und ich antwortete: „Ann."

Dann schluchzte sie: „Als wir von der Jagd nach Hause kamen , nahm er mir das Versprechen ab, es niemals preiszugeben, aber es bricht mir das Herz. Oh! Margery, Margery, ich sollte es verstecken und in meiner Seele begraben; also befahl er mir." , und trotzdem......"

Ich setzte mich auf dem Kissen auf, als wäre neues Leben in mich gekommen, und rief: „Oh Ann, du kannst mir nichts sagen, was ich nicht schon weiß, denn ich sah ihn absteigen und wie er dich umarmte."

Und dann, bevor ich sie bemerkte, sprang sie auf und kniete auf ihren Knien neben dem Kopfende meines Bettes, und ihre Lippen küssten meine, und ihre Wangen waren an meinem Gesicht und ihre Tränen liefen über meine

Wangen und meinen Hals und Busen, während sie alles gestand. In unserem friedlichen kleinen Zimmer gab es eine wilde Flut von Liebesschwüren und Worten der Angst, von Plänen für die Zukunft und langen Geschichten darüber, wie alles zustande gekommen war.

Ich hatte es mit eigenen Augen im Keim erblickt und unwissentlich sein Wachstum gefördert. Wie könnte ich dann bestürzt sein, wenn ich jetzt die Blume erblicke?

Ihr Treffen heute Morgen war wie das Aufschlagen von Feuerstein und Stahl gewesen, und wenn dabei Funken entstanden wären, wie hätten sie es verhindern können? Und ich glaubte Anns Wort, als sie sagte, dass sie in die Arme ihrer Geliebten geflogen wäre, wenn Vater und Mutter und hundert weitere um sie gestanden hätten, um sie zu warnen.

Alles, was sie an diesem Abend sagte, war voller vollkommener und freudiger Zuversicht, und es erfasste meine junge Seele; und obwohl ich mich nicht blenden konnte, sondern sah, dass der Wahl meines Bruders große und schwere Hindernisse im Weg standen, schwor ich mir, dass ich ihnen den Weg ebnen würde, soweit ich konnte.

Nun war alles vergessen, was ich an jenem Abend mit dem zurückgekehrten Wanderer übel genommen hatte; Und als ich Ann an diesem Abend einen letzten Kuss gab, wie sehr liebte ich sie wieder!

Kapitel VII.

Die Hähne krähten bereits, bevor ich einschlief, und als ich aufwachte, saß Ann vor dem Spiegel und flocht ihr Haar. Ich wusste genau, was sie veranlasst hatte, so früh das Bett zu verlassen, und als sie ihren Geliebten beim Frühstück traf, schien ihre Gestalt und ihr Gesicht an Schönheit gewonnen zu haben, so dass ich meine Augen nicht von ihr lassen konnte. Meine Tante und Seine Exzellenz bemerkten die wunderbare Veränderung, die sich in dieser Nacht in ihr vollzogen hatte, und der Herr wartete von nun an dicht auf Ann und bat um ihre Gunst wie ein junger Mann, trotz seiner grauen Haare, während der würdige Meister Besserer seinem Beispiel folgte .

Bei der ersten günstigen Gelegenheit zog ich Herdegen auseinander. Ann hatte ihm bereits erzählt, dass ich wieder Zeuge ihres ersten Treffens gewesen sei; Das gefiel ihm tatsächlich nicht, und als ich ihn fragte, wie er sich von nun an seiner Verlobten gegenüber zu erniedrigen gedenke, antwortete er, dass es bei ihnen noch nicht so weit gekommen sei; und dass wir das Geheimnis, das ich zufällig entdeckt habe, vor allen guten Leuten Nürnbergs streng geheim halten müssen, bis er die Doktorhaube angenommen hat; So viel Wasser würde ins Meer fließen, oder bevor er mich bitten könnte, mit der Zunge zu wedeln, wenn unser Großonkel weiterhin so tapfer die Last seiner Jahre tragen würde. Im Moment war er einer der glücklichsten Menschen auf Erden, und wenn ich ihn liebte , musste ich ihm helfen, seinen Herzenswunsch zu erfüllen und oft das schöne Veilchen zu sehen, das hier im tiefen Herzen des Waldes so süß für ihn geblüht hatte .

Sein strahlender junger Geist lächelte meiner Seele erneut zu, wie er es schon vor langer Zeit getan hatte. Nur seine lieblose Erwähnung unseres Großonkels, der für ihn wie ein zweiter Vater gewesen war, berührte mein Herz, und das sagte ich zu ihm; Außerdem fügte er hinzu, dass es für ihn eine Ehrensache sein müsse, Ringe mit Ann zu geben und zu nehmen, auch wenn dies im Geheimen geschehen sollte.

Dazu war er bereit und gern; Ich schenkte ihm mit herzlichem Wohlwollen den goldenen Ring, den Cousin Maud mir zur Konfirmation geschenkt hatte, und er steckte ihn noch am selben Tag seiner Liebsten an den Finger, obwohl ihr silberner Ring zu klein für seinen kleinen Finger war. Also forderte er sie auf, es zu tragen, und versprach ihr feierlich, bis zur nächsten Heimkehr auch ohne Ring seinen Treuen zu treu zu bleiben; und Ann vertraute ihrem Geliebten ebenso sicher wie Fels und Eisen.

Viele waren die Gäste, die bei der schönen Herbstflut in den Wald kamen; Es gab kein Ende der Jagd und des Sports aller Art, und Ann war immer bereit und zufrieden, die furchtlose Freude ihres Geliebten an der Jagd zu teilen; Als sie aus dem Wald nach Hause kam, leuchtete die Freude ihres Herzens deutlicher denn je in ihren Augen; Und als er sie damals und so sah, konnte kein Mann daran zweifeln, dass sie an der Spitze des menschlichen Glücks stand. Allerdings kam es mir so vor, als ob auf dieser Höhe ein heftiger Wind wehte, mit dem sie so kaum zu kämpfen hatte, dass ich in manchen stillen Nächten ihre Seufzer hören konnte. Dabei zeigte sie eine seltsame Selbstsucht, wie ich sie noch nie zuvor bemerkt hatte, die jedoch nur ihren Geliebten betraf, mit ständiger Unruhe, wenn sie von anderen getrennt war, die sie liebte; und das alles betrübte mich, obwohl ich tatsächlich nichts dagegen tun konnte.

Das Seltsamste von allem war, wie es mir vorkam, dass diese beiden , die zuvor noch nie eine Stunde ohne Gesang miteinander verbracht hatten, nun Tag für Tag ohne Gesang vergingen. Aber dann fiel mir ein, dass auch die Nachtigalljungfrau nur so lange ihre süßeste Stimme singt, als ihre Brust voller sehnsüchtiger Liebe ist; aber sobald sie sich ganz ihrem Partner hingegeben hat, wird ihr Gesang kürzer und weniger zart.

Nicht, dass dieses Paar bisher so weit gekommen wäre; Und als ich sie einmal warnte, dass sie das Singen nicht vergessen sollten, wunderten sie sich über ihre eigene Vernachlässigung, und als sie daraufhin anfingen zu singen, klang es süßer und stärker als früher.

Unter den Jugendlichen, die damals die Gastfreundschaft der Waldströmer genossen , nahm Herdegens Freund Franz von Welemisl den vordersten Platz ein. Er war der Sohn eines böhmischen Barons, und seine verstorbene Mutter stammte aus einer der vornehmsten Familien Ungarns. Und während sein Name für die deutsche Sprache etwas schwierig war, nannten wir ihn alle einfach Ritter Franz oder Sir Franz. Er war von Angesicht und Körperbau her ein gut gebauter und wohlhabender Jüngling, der in der Gesellschaft meines Bruders in Erfurt so viel Freude gefunden hatte, dass er mit ihm nach Padua gegangen war. Der plötzliche Tod seines Vaters hatte ihn früher als Herdegen vom College nach Hause gebracht , und jetzt trauerte er. Er hielt seinen Kopf immer ein wenig gesenkt, und während Herdegen mit seinen tapferen, prächtigen Manieren und seinen langen goldenen Locken manche Leute an die Sonne erinnerte, hätte ein Dichter seinen Freund vielleicht mit dem Mond verglichen, sofern er dies besaß die gleiche sanfte Miene und das gleiche blasse Gesicht, das umso farbloser wirkte durch sein dichtes, glänzendes schwarzes Haar, das es umrahmte, ohne Welle oder Locke. Seine Stimme hatte einen traurigen Ton und es ging mir zu Herzen, zu sehen, wie liebevoll er meinem Bruder gegenüber war. Er seinerseits war sehr erfreut, in dem jungen Ritter die Kameradschaft zu finden, die er einst im Pueri gehabt hatte .

Nachdem der Vater des jungen Böhmen gestorben war, hatte der Kaiser selbst seinen traurigen Sohn zum Ritter ernannt, und dennoch war er frei von Stolz und Verachtung. Als er mit seinen traurigen schwarzen Augen in die meinen blickte, demütig und als suchte er nach Trost, hätte ich meine Seele leicht mit dem frohen Gedanken einlullen können, dass ich ebenfalls die Tür zur Liebe geöffnet hatte; aber dann war es mir egal, ob ich ihn sah, und ich dachte nur kühl an ihn, und das widerlegte solche Hoffnungen; Was ich empfand, war nicht mehr als das Mitgefühl, das einem jungen Mann gebührt, der allein auf der Welt war, ohne Eltern, Brüder oder nahe Verwandte.

Eines Morgens suchte ich Herdegen in der Waffenkammer auf und fand ihn dort ohne Wams und mit hochgekrempelten Ärmeln. und bei ihm war der Böhme, der mit einer Eisenfeile versuchte, ein goldenes Armband vom Arm meines Bruders zu entfernen, das nicht nur befestigt, sondern um seinen Arm gelötet war. Sobald er sah, dass ich die Bande sofort entdeckt hatte, obwohl er versuchte, sie mit seinem Ärmel zu verbergen, versuchte er, meine Befragung zunächst mit einem Scherz und dann mit zorniger Ungeduld, die er über seine Jacke geworfen hatte, abzuschrecken und mir den Rücken zuzukehren auf mich. Sofort untersuchte ich Ritter Franz, und er wurde dazu gebracht, mir zu gestehen, dass eine schöne italienische Marchesa Herdegen dazu überredet hatte, sich als Zeichen seiner stets treuen Dienste diese Armbinde an den Arm nieten zu lassen.

Als ich das erfuhr, erfüllte mich große Angst sowohl um meines Bruders als auch um Anns willen; und als ich ihn daraufhin wegen seines Glaubensbruchs tadelte, warf er seine Arme um mich mit seinem gewohnten unverschämten Humor und seinem ausgelassenen Geist und sagte: „Was hätte ich mehr wollen können, da ich ja mit eigenen Augen gesehen hatte, was er zu sein versuchte.“ diese Bindung kündigen? Um zur Marchesa zu gelangen, musste er Dutzende Flüsse und Bäche überqueren; und selbst in unserer tugendhaften Stadt Nürnberg war es die Regel, dass ein Mann mit einer neuen Liebe beginnen konnte, wenn er die dritte Brücke hinter sich gelassen hatte.

Mir gefiel diese Redeweise nicht, und als er sah, dass ich unzufrieden und betrübt war, verfiel er nicht in seine fröhliche Stimmung, sondern wurde ernster und sagte: „Macht nichts, Margery. Nur ein hoher Baum.“ der Liebe wächst in meiner Brust, und der Name ist Ann; die kleinen Blumen, die um ihn herum gewachsen sein mögen, als ich weit weg war, haben nur ein kurzes und ausgehungertes Leben, und auf keinen Fall können sie dem großen Baum Schaden zufügen ."

Dann flehte ich ihn von ganzem Herzen an, dass er, da er nun das Leben und Glück der süßesten und liebevollsten Jungfrau der Welt mit seinem eigenen verbunden hatte, jemals seinen Glauben bewahren und für sie ein wahrer

Mann sein würde. Als ich jedoch sah, dass dieser Rat ihn nur wenig bewegte, stieg mir das heiße Blut der Schoppers in den Kopf und ich beschimpfte daraufhin seine Äußerungen und Taten als sündhaft und grausam, und auch er brauste auf und forderte mich auf, mich bei meinen Reden in Acht zu nehmen krank von meinem eigenen Vater; denn so wie er, Herdegen , das Bild von Ann in seinem Herzen getragen hatte, so hatte Vater das unserer lieben Mutter über die Alpen getragen, und dennoch hatte er in Padua unter dem Balkon mancher schwarzäugigen Dame Laute gespielt, und gewann dort den Namen „der Sänger". Ein lebendiges Feuer, sagte er, werde nicht kälter, weil sich mehr als einer daran wärmte; Es ging nur darum, den Ehrenplatz für den richtigen Besitzer zu behalten, und dessen war sich Ann immer sicher.

Sir Franz war Zeuge dieser Worte, und als Herdegen bald darauf das Zimmer verlassen hatte, bemühte er sich, mich zu besänftigen und zu trösten, indem er sagte, dass sein hochbegabter Freund, der von allen großen und guten Eigenschaften erfüllt sei, nur diese eine Schwäche habe: nämlich , dass er den Versuchungen, die seine Schönheit und seine Gaben mit sich brachten, nicht mannhaft standhalten konnte . Er, Franz selbst, war von anderer Prägung .

Und er gestand mir weiter, dass er mich liebte und dass er mich immer schätzen und mir dienen würde, wenn ich nur zustimmte, ihm zu gehören, mit mehr Demut und Treue sogar als sein geliebter Herr und König, der ihn genannt hatte Ritter, als er noch so jung war.

Und seine Rede klang so warm und wahr, so voller tiefer und zärtlicher Wünsche, dass ich zu jedem anderen Zeitpunkt nachgegeben hätte. Aber zu dieser Stunde wollte ich keinem Menschen trauen; Denn wenn Herdegens Liebe nicht die Wahrheit wäre, obwohl sie mit ihm gewachsen war und auf so viele Weisen jemandem gegeben wurde, der über mir stand, auf welchem menschlichen Geist könnte ich es dann wagen, aufzubauen? Ja, und ich war zu sehr auf das Glück meines Bruders und meines Freundes bedacht, um bereit zu sein, an mein eigenes zu denken; also konnte ich ihm nur gerecht zusprechen, ihm aber nein sagen. Kaum hatte ich diese Worte gesagt, überkam ihn eine seltsame Veränderung; sein ruhiges, trauriges Gesicht nahm plötzlich einen wütenden Ausdruck an, und in seinen Augen, die bisher immer sanft gewesen waren, brannte ein Feuer, das mir Angst machte. Nein, und sogar seine Stimme hatte einen scharfen Klang, als er sprach, als ob die Glocken geknackt hätten, die einst so ein süßes Geläut geläutet hatten. Und alles, was er zu sagen hatte, war ein wütender Vorwurf gegen mich, der, wie er sagte, ihn mit Augen und Worten geführt hatte, nur um ihm dann einen grausamen Streich zu spielen, mit Worten von schrecklicher Absicht gegen den stillen Schurken, der zwischen ihn und ihn getreten war ich solle ihn betrügen; und damit meinte er den Schwaben, Junker von Kalenbach .

Ich wollte ihn gerade wegen seines unhöflichen und unhöflichen Benehmens tadeln, als wir draußen einen lauten Aufschrei hörten und Ann hereinstürmte, um mich zu holen. Alle in der Loge, die Beine hatten, rannten zusammen; Alle Hunde bellten und heulten, als würde der Wilde Jäger vorbeireiten und sich unter sie mischen. Siehe! ein seltsames, ausgefallenes Pfeifen und Trommeln.

Ein Bärenführer, wie ich ihn zuvor auf dem Stadtfest gesehen hatte, hatte sich auf den Weg zur Hütte gemacht, und der dunkelhäutige Herr mit seinen beiden Gefährten, als ob es seine Brüder sein könnten, glich allen Männern ihrer Hütte Stamm. Ein dichter Haarwuchs bedeckte den Mund unterhalb einer Adlernase , und auf ihren struppigen Köpfen trugen sie weiche rote Hauben. Einem folgte ein großes Kamel, das langsam mit einem Affen auf seinem Buckel marschierte; der andere führte einen Braunbären mit einer Schnauze auf der Schnauze.

Die Frau des Herrn und ein junges Mädchen mit dunklem Gesicht gingen neben einem kleinen Wagen mit zwei Rädern her, an den ein überarbeitetes Maultier gespannt war. Ein Jüngling, vielleicht zwölf Jahre alt, blies auf einer Pfeife, damit der Bär tanzen sollte, und da er außer einem zerlumpten kleinen Mantel keine Kleidung trug und ein scharfer Ostwind wehte, zitterte er vor Kälte und zitterte dabei er piepte. Dennoch war er ein feiner Bursche, gut gewachsen und mit einem Gesichtsausdruck von ausgefallener, aber nahezu perfekter Schönheit. Er war mit Sicherheit aus einem fernen Land gekommen; Dennoch gehörte er nicht derselben Rasse an wie die anderen.

Als wir genug von der Show gesehen hatten, befahl mein Onkel, den Wanderern Fleisch zu bringen; und als man ihnen Erbsenbrei und andere Beilagen gegeben hatte, holten sie unter der Planke des Wagens ein dunkelhäutiges Kind hervor, das mir wie ein süßes kleines Mädchen vorkam , obwohl es eine so dunkle Farbe hatte.

Ann und ich schauten diese Leute an, während sie aßen, und es kam uns seltsam vor, zu sehen, wie der wohlbegünstigte Junge mit Entsetzen den Speck von sich wegschob, den der alte Bärenführer ihm vorgesetzt hatte; und dafür versetzte ihm der Mann einen harten Schlag.

Nach dem Essen machte sich der Meister auf den Weg; Und als wir ebenfalls zu Abend gegessen hatten, kam mein lieber Pate und Onkel, Christian Pfinzing , aus der Stadt und brachte eine Truppe Söldner in das Lager, wo sie für den Kampf gegen die Hussiten ausgebildet werden sollten. Er freundete sich wie die anderen Gäste mit den Fremden an und forderte auf seine fröhliche Art den älteren Bärenführer auf, uns mit unseren Händen die Zukunft zu sagen, während die Jungen tanzen sollten.

Der Mann las dann für jeden von uns die Zukunft vor; Mein Glück war reine Torheit, und kein einziges Wort davon hat sich jemals bewahrheitet. Er versprach meinem Bruder eine Grafenkrone und eine Frau aus einem Fürstengeschlecht; Und als Ann es hörte und beschämt ihren Finger zu Herdegen hinhielt , flüsterte er ihr ins Ohr, dass sie aus der Rasse der souveränen Königin aller Königinnen – der Venus, der Herrscherin des Universums – stammte. All dies hörte sie gern; doch niemand konnte sie überreden, ihre Hand lesen zu lassen.

Endlich war es an der Frau zu tanzen; Bevor sie begann, hatte sie ihr Haar geglättet und es mit kleinen Goldstücken zusammengebunden; und in der Tat war sie eine gut gewachsene Magd und schlank, wohlgeformt in Gesicht und Gestalt, mit einem geradezu teuflischen Feuer in ihren schwarzen Augen. Es war seltsam, aber wirklich erfreulich, sie zu sehen; Zuerst legte sie ein Dutzend Eier im Kreis auf das Gras, dann schlug sie ihr Tamburin zu den Pfeifen des Jungen und den Trommeln eines der Männer, die bei ihr geblieben waren, und ließ es mit mutwilliger Leichtigkeit über ihren Kopf rasseln Die Glocken im Reifen erklangen, während sie sich umdrehte und ihren geschmeidigen Körper in einem wilden, schnellen Wirbel beugte, sich verneigte und wieder aufstand. Ihre Falkenaugen starrten nie auf den Boden, sondern waren immer nach oben oder auf die Umstehenden gerichtet, und dennoch kamen ihre schlanken nackten Füße bei den wildesten Drehungen ihres Tanzes nie in die Nähe der Eier.

Die Herren und auch wir klatschten in die Hände; Dann, während sie blieb, um Luft zu holen, riss sie Herdegens Hut vom Kopf – und sie hatte schon lange ein Auge auf ihn geworfen – und sammelte alle Eier darin unter viel Verbeugung und Beugung im Takt der Musik. Als sie alle Eier in den Hut gelegt hatte , bot sie ihn meinem auf einem Knie knienden Bruder an und berührte mit ihren Lippen den Rand ihres Tamburins. Der trotzige Kerl legte die Finger an die Lippen, wie es die kleinen Kinder tun, um einen Kuss zuzuwerfen, und als sein Blick auf den des Mädchens fiel, schien es mir , dass dies nicht das erste Mal war, dass sie sich trafen.

Es war jetzt ein warmer und windstiller Herbsttag, und nach dem Abendessen wurde meine Tante in den Hof getragen. Als der Tanz zu Ende war, befragte sie, wie es ihre Gewohnheit war, die Männer und die ältere Frau über alles, was sie wissen wollte; Und als sie von ihnen erfuhr, dass die Männer ebenfalls Kesselflicker waren, bat sie Ann in die Küche und befahl der Haushälterin, alle zerbrochenen Töpfe und Pfannen zusammenzubringen. Aber jetzt war in der Nähe des Wagens ein wütendes Bellen und das Mitleidsgeschrei eines Kindes zu hören.

Der Junker, der früh am Tag aufgebrochen war, um den Wald zu durchkämmen, war erst jetzt nach Hause gekommen; Die Hunde, die mit ihm waren, hatten Fremde gewittert und waren auf das braune Baby losgegangen, das im Sand hinter dem Wagen spielte und Kuchen und Pasteten backte. Die Hunde wurden zwar in aller Eile zurückgerufen, aber einer von ihnen, ein boshafter Dachshund, hatte dem Kleinen tief in die Schulter gebissen.

Ich rannte sofort zur Stelle und hob das Kind in meine Arme, als ich sah, wie sein rotes Blut floss; aber die ältere Frau stürzte sich vor Wut auf mich, um es mir zu entreißen; und obwohl sie zweifellos seine Mutter oder Großmutter war, hätte ich das Kind vielleicht abgegeben, wenn nicht dieser Ritter Franz eilig zu mir gekommen wäre, um mich von meiner Tante Jacoba zu bitten , es ihr zu bringen.

Wer kannte die ganze Kunst und das Geheimnis der Heilung der Wunden eines Hundes besser als sie? Und so sagte ich der alten Dame, sie solle sie trösten, obwohl sie verzweifelt darum kämpfte, das Baby von mir zu bekommen. Nein, und sie hätte es vielleicht getan, wenn das kleine Ding sich nicht mit seinem rechten Arm, der nicht verletzt war, um meinen Hals geklammert hätte, so liebevoll, als wäre es mein eigenes und nicht mit der schreienden alten Frau verwandt.

Doch schon bald wurde ein klares und seltsames Licht auf die Sache geworfen; Denn als wir das kleine Hemd des Kindes gelöst hatten und meine Tante ordnungsgemäß das Blut aus den Wunden gewaschen hatte, sah man, dass es unter der dunklen Farbe seiner Haut zart weiß war, und so war es klar, dass hier ein gestohlenes Kind war, das sein musste gerettet.

Dann erinnerte sich die Hausverwalterin, die Witwe eines Försters, dessen Mann von Wilderern getötet worden war und die sich mit der Hilfe meiner Tante mutig darum bemühte, ihre fünf Waisenkinder großzuziehen, jetzt daran, als sie sie erschaffen hatte Aber kürzlich hatte der Ritter von Hirschhorn, Schatzmeister des Hochbischofs von Bamberg in Scheßlitz , unweit des Wallfahrtsortes, nach Vierzehnheiligen ein Kind verloren, das von vagabundierenden Schurken gestohlen worden war. Dann dachte Tante Jacoba , dass Wiedergutmachung und Wohlwollen eins werden könnten; Und, sagte sie, diese Angelegenheit könnte der Haushälterin und ihren Kleinen sehr nützen, da der trauernde Vater demjenigen, der seine kleine Tochter lebend zurückbringen sollte, ein Lösegeld von dreißig ungarischen Dukaten versprochen hatte; und alsbald sollte der ganze Stamm der Bärenführer gebunden werden. Die alte Beldame machte unseren Männern eine harte Arbeit, denn sie versuchte, in den Wald zu fliehen und rief laut: „Hind – Hind!“ das war der Name des jungen Mädchens, mit ausgefallenen Worten, die sie zweifellos zur Flucht warnen sollten; aber die Diener erreichten ihr Ziel und ließen die wilde Hexe fasten.

Ann war blass und hatte Schmerzen, ihr Kopf schmerzte, aber sie half meiner Tante, sich um das Kind zu kümmern; und ich war froh, denn ich glaubte zu wissen, wo Herdegen und die junge Tänzerin zu finden waren, und es ging mir nur darum, seine arme, betrogene Geliebte vor Scham und Kummer zu retten. Ich kroch unbemerkt durch den Kräutergarten hinter der Hütte zu einem Moos, das mein verbannter Cousin für mich an einem versteckten Ort zwischen zwei mächtigen Buchen aufgebaut hatte, als ich noch ein Schulmädchen war.

Wahrlich, meiner Fantasie wurde nichts getäuscht, denn als ich um den Pinienhain herumging, hörte ich meinen Bruder rufen: „Ah – Wildkatze!" und das abscheuliche Lachen des Luders. Und darauf kamen beide heraus, aber in der Tür hielt er sie zurück, um sie zu küssen. Daraufhin zeigte sie ihre weißen Zähne, und es schien mir , als würde sie ihn am liebsten beißen; Sie stieß ihn weg und lachte, während sie sagte: „Heute Abend; nicht zu viel auf einmal." Doch er schnappte sie sich, und ich rief ihn beim Namen und ging vorwärts.

Dann ließ er sie schon bald los, stampfte aber vor lauter Wut mit dem Fuß auf. Das bewegte mich tatsächlich nicht; Mit ruhiger Haltung forderte ich das Mädchen auf, mir zu folgen, und ich rief dem treulosen Schurken zu: „Pfui!" in einem verächtlichen Tonfall, der seine Ohren wohl eine ganze Weile brennen ließ. Bevor wir den Garten betraten , forderte ich ihn auf, um das Haus herumzugehen und auf die anderen von der rechten Seite zu stoßen; sie sollte mit mir kommen und an der linken Seite vorbeigehen.

Ich sah nun, dass sich Moosfetzen und trockene Blätter im Haar der jungen Frau befanden, und forderte sie auf, diese auszubürsten. Dies tat sie mit einem spöttischen Lächeln und sagte verächtlich: „Dein Liebhaber?"

„Nein", sagte ich, „weit davon entfernt. Aber dennoch einer, den ich gerne vor dem Bösen schützen würde." Sie zuckte mit den Schultern; Ich sagte nur: „Komm schon."

Als wir zur Vorderseite des Hauses gingen, wurde die ältere Frau mit gefesselten Händen weggeführt, und kaum hatte die junge Frau sie bemerkt , hob sie ihre Röcke auf und versuchte mit einem wilden Ansturm davonzukommen. Ich rief Spond , meinen treuen Wächter, und forderte ihn auf, sie zurückzuhalten; und der edle Hund verfolgte ihre Schritte, bis die Männer sie einfangen und zu meiner Tante führen konnten. Die Dame befragte sie eingehend und kam zu dem Schluss, dass ein so junges und hübsches Geschöpf weniger stur sein könnte als die alte Hexe, die in Sünden ergraut war; aber Hind blieb stumm und tat so, als ob sie unsere Sprache nicht beherrschte. Was Herdegen betrifft , so hatte er Ann inzwischen mit großer Höflichkeit begrüßt; Dennoch hatte er sich in der Nähe der tanzenden Dirne gehalten und es sich zur Aufgabe gemacht, ihre Fesseln zu fesseln und sie in die Kerkerzelle zu führen. Er kam gut voran, da er, wie er es wünschte, allein mit ihr davonkam; denn Sir Franz hielt mich wieder auf, und eine solche Klage, wie er sie jetzt vorbrachte, konnte nur selten ein Gegenstück finden, denn ich war nur darauf aus, meinem Bruder zu folgen, um ihn aus den Fallstricken der Vagabundin zu befreien; Und während der Ritter meine Hand festhielt und schwor, dass er mich liebte, strebte ich nur nach Freiheit und schaute Herdegen und Hind nach, ohne auf ihn zu achten. Schließlich verletzte er meine Hand, die ich ihm nicht mehr entziehen konnte; und während er anfing, wild auszusehen und verrückt zu wirken, bat ich ihn, mich von nun an freizulassen und sein Glück woanders zu versuchen. Aber dennoch hätte er mich nie so hastig freigelassen, wenn nicht ein böser Stern den schwäbischen Junker zur Stelle gebracht hätte.

Sir Franz ging ohne ein Wort der Begrüßung oder Warnung auf ihn zu und tadelte ihn, weil er durch sein rücksichtsloses Verhalten einem hilflosen Kind Unheil zugefügt hatte. Aber wenn Sir Franz nicht bereits wusste, dass er, mit dem er so grob sprach, als sei er ein trotziger Diener, in Wahrheit Sohn und Erbe eines recht adeligen Hauses war, so erfuhr er es jetzt. Seine letzten Worte waren: „Und für die Zukunft sollen Ihre wilden Hunde besser regiert werden!" Darauf antwortete der andere kühl: „Und du, deine Zunge."

Daraufhin zuckte der andere mit den Schultern und antwortete verächtlich, dass seine Zunge natürlich zum Gebrauch da sei und nicht zum Schweigen wie die mancher Leute. Und ich wunderte mich , wo der Schwabe, der so langsam sprach, die Worte für Erwiderung und Antwort fand, bis es ihm schließlich zu viel wurde und er seine Hand als zweite und schärfere Zunge auf seinen Kleiderbügel legte.

KAPITEL VIII.

Das Tanzmädchen wurde mit den übrigen Wanderern in der Zelle eingesperrt, und als ich durch das Fenster auf das schöne junge Geschöpf blickte, das in einer Ecke hockte, hatte ich Mitleid mit ihr und hätte meinerseits sie am liebsten geschickt sie hin und her, um sie nie wieder zu sehen.

Ich konnte Herdegen nirgends finden ; Ich hatte keine Lust auf Onkel Christians Scherze; Und als ich mich schließlich in mein eigenes Zimmer begab, kam es mir so vor , als läge ein schrecklicher Untergang in der Luft, aus dem es kein Entrinnen gab. Und die Dinge waren auch nicht besser, als Ann, die in letzter Zeit von ihren schlimmen Kopfschmerzen befreit war, zu Bett kam, um ihre zunehmenden Schmerzen zwischen den Kissen zu verbergen. So saß ich stumm und nachdenklich an ihrer Seite, bis Tante Jacoba mich kommen ließ, um der kleinen entführten Magd kaltes Wasser auf den Arm zu geben. Das Kind war gut gewaschen und lag sauber und frisch zwischen den Laken, und der dunkelhäutige, schmutzige kleine Wechselbalg war jetzt ein süßer, blonder Liebling. Ich habe es gerne gepflegt; umso mehr, als ich an die Freude dachte, die es seinem Vater und seiner Mutter bereiten würde; Dennoch wollte ich den bösen Albtraum nicht loswerden, nicht einmal als das Klappern der Weinbecher und das laute Lachen von Onkel Christian an mein Ohr drangen.

Herdegens fröhliche Stimme so sehr vermisst . Die Haushälterin erzählte mir, dass er ungefähr zur Stunde des Ave Maria zu Pferd in die Stadt gegangen sei. Mein Großonkel hatte ihn gebeten, zu ihm zu gehen. Die vagabundierenden Schurken waren bereits im Beisein meines Bruders gefoltert worden, aber sie hatten nichts von ihrer Schuld bekannt; insofern es in unserem Kerker tatsächlich keine anderen Folterinstrumente gab als die Folterbank, die Rändelschraube und die Geißeln, die für die Bamberger Folter notwendig waren, und eine pommersche Mütze, die dazu bestimmt war, den Kopf etwas zu zerdrücken; aber in Nürnberg gab es einen Laden, der weniger mild und von aktiverer Wirkung war.

Die Luft war heiß und schwer, die Sonne war hinter schwarzen Wolken untergegangen, gelb und trüb, wie ein blindes Auge. Eine seltsame Trägheit überkam mich, obwohl ich es gewohnt war, so forsch zu sein, und mit ihr eine lange Reihe düsterer und abscheulicher Bilder. Zuerst sah ich den Junker und Herrn Franz, der sich über mich, eine törichte Magd, zerstritten hatte; dann war es meine Ann, die vor Kummer sehnte, blasser als je zuvor mit einem Nonnenschleier; oder an der Pegnitz stehen , genau an der Stelle, an der sich einst in der süßen Frühlingsflut eine verlassene Magd niedergelassen hatte.

Blitz immer näher dröhnte, bekam ich immer mehr Angst. Außerdem weinte das kranke Kind kläglich und wurde vor Fieber und Schmerzen unruhig. Zu diesem Zeitpunkt war noch alles im Speisesaal; aber als meine Tante mir befahl, dass die Haushälterin meinen Platz neben dem Bett des Kleinen einnehmen und mich ausruhen solle, wollte ich nicht; denn tatsächlich hätte ich überhaupt nicht schlafen können.

Herdegen erfasst, am offenen Fenster, um mir den rauen Wind über den heißen Kopf blasen zu lassen, als plötzlich die Hunde ein wütendes Bellen anstimmten, als ob der Wald sich aufhalten würde wurden von allen Seiten von Räubern bedrängt. Und gleichzeitig sah ich im Schein der Blitze, dass die alte Linde mitten im Kräutergarten meiner Tante auf der Erde lag . Das schmerzte mich ins Herz, da dieser Baum meinem Onkel am Herzen lag, da er von seinem Großvater gepflanzt worden war; und es gab nie einen Ort, an dem sich seine kranke Frau an heißen Sommertagen so gern aufhielt wie in seinem Schatten. Ja, und das ganze Glück meines jungen Lebens kam mir vor wie der Baum, dem die Wurzeln entrissen wurden, und ich starrte wie gebannt auf die zerstörte Linde, bis mich ein neuer Schrecken erschreckte; Am äußersten Rand des Himmels, auf der Seite, wo die Stadt lag, sah ich eine Lichtlinie, die breiter und heller wurde, bis sie rosa und blutrot war.

Aus den Zwingern und Försterhütten ertönte ein wilder Aufruhr, und ich hörte ein Durcheinander vieler Stimmen; und während die ferne Fackel heller zum Himmel aufzusteigen begann, glaubte ich denen, die unten sagten, dass ganz Nürnberg in Flammen stand.

Sogar Tante Jacoba hatte ihr Bett verlassen, und jede Seele unter diesem Dach blickte auf das Feuer hinaus und äußerte ihre Meinung darüber, ob es zunahm oder abnahm. Und dank der Heiligen Jungfrau hatten diese im Recht; einige wenige Getreidespeicher, oder Warenvorräte, waren ausgebrannt, und ich, neben anderen schwachen Herzen, begann leichter zu atmen, als der Ruf des Wächters erneut zu hören war und was als nächstes geschah, zeigte, dass meine Befürchtungen nicht der Fall waren unbegründet gewesen.

Es war die Mahnwache zum Tag des Heiligen Simon und Judas – [28. Oktober] – im Jahr unseres Herrn 1420, und ich werde es nie vergessen. Die großen Dinge, die in dieser Nacht geschahen, sind nicht in den Chroniken der Stadt niedergeschrieben und in vielen Köpfen noch frisch? aber vielleicht sind sie in keinem tiefer gedruckt als in meinem; und während ich meine Feder bewege, kann ich sozusagen die große Halle des Jagdschlosses mit meinen eigenen Augen sehen. Viele Leute sind aufgeregt, alle in spärlicher Kleidung und voller eifriger Neugier auf Neuigkeiten. Der Feueralarm hat sie in aller Eile aus ihren Kissen gerissen, und sie drängen sich dicht aneinander und blicken durch die weit geöffnete Tür auf den hellen Fleck am Himmel.

Keiner wagt es, im wilden Wind hinauszugehen, und mancher zieht sein Gewand, seinen Umhang oder seine Bettdecke enger um sich; Der Sturm fegt mit solcher Wucht herein, dass die Pechfackeln an der Wand fast erloschen sind und der rote und gelbe Glanz ein unheimliches Licht in die Halle wirft.

Dann verstummt der Ruf des Wächters, und das Knurren und Wehklagen des Waldvolkes wird immer lauter.

Plötzlich taumelt ein Mann über die Schwelle, der vom Torwächter Endres nur mit großer Mühe gehalten wird, da ihm selbst die Knie zittern. und wer so nach Hause kommt, sei es betrunken oder schwer verletzt, ist kein anderer als mein Bruder Herdegen . Der Fackelschein fällt auf sein Gesicht, und während meine Augen ihn erkennen, weine ich laut, und meine Seele denkt nur an ihn als reines Mitleid und wahre Liebe.

Ich beeile mich, Endres' Platz einzunehmen, während Eppelein , sein treuer Diener, den er nicht wie üblich mitgenommen hatte, ihn andererseits hochhält.

Aber wenn wir ihn berühren, fühlt er sich verletzt; und während Onkel Conrad und die anderen ihn mit Fragen bedrängen, kann er nur auf seinen Kopf und seine Lippen zeigen, die zum Denken oder Sprechen zu schwach sind.

Ach! Dieser arme Kerl hat meiner Meinung nach nur wenig Ähnlichkeit mit meinem edlen Herdegen , an dessen Arm die italienische Marchesa ihre goldene Fessel befestigte. Sein Gesicht ist an einer Stelle geschwollen und blutunterlaufen, an anderen grausam zerrissen. Wo sind die Liebeslocken, die ihm so gut gefielen? Sein linker Arm ist hilflos, sein reiches Gewand hängt in Lumpen um ihn herum. Er könnte ein misshandelter, elender Bettler sein, der auf der Landstraße aufgegriffen wurde, und ich freue mich wirklich, wenn ich daran denke, dass Ann sich im Schutz ihres Bettes befindet und diesem Anblick entgeht.

Meine Tante, die es schon lange nicht mehr in die Halle getragen hatte, betastete alle seine Glieder und Gelenke und stellte fest, dass keine Knochen gebrochen waren, während mein Onkel ihn befragte; und er erzählte uns mit gebrochenen Worten, dass sein Pferd im Wald vor einem Blitz erschrocken gewesen sei, ihn geworfen und dann durch das Unterholz geschleift habe; Es war der Nörgler seines Mannes, den er am Abend herausgeholt hatte, als er fiel, und der jetzt im Wald umherstreifte.

Er hatte seine Erzählung kaum beendet, als einer der Wärter des Kerkers und der Torwächter hereinstürmten und ihm die Nachricht überbrachten, dass einer der Gefangenen und das junge Mädchen entkommen seien, obwohl die Tür des Bergfrieds verschlossen war und die … Fenster vergittert. Sie war eindeutig eine Hexe, und nur eines war möglich; nämlich, dass sie nach Hexenart auf einem Besenstiel oder in der Gestalt eines Vogels, einer Fledermaus oder einer Eule durch das vergitterte Fenster geflogen sei; ja, das war so gut wie sicher, denn der Wächter hatte etwa um Mitternacht ein Gespenst im Wald gesehen, und das gleiche Gesicht war dem Zwingerbesitzer erschienen. Beide schworen, dass sie sich dort bekreuzigt hätten, und sagten viele Paternoster. Die anderen Gefangenen bezeugten dasselbe und erklärten, dass das Mädchen nie zu ihnen gehört habe, sondern sich letzten Mittsommerabend unversehens ihrer Gesellschaft angeschlossen habe, ohne zu sagen, woher oder wohin sie gehen würde. Sie war vor einigen Stunden in Gestalt eines monströsen Vampirs davongeflogen, hatte sie aber zuerst mit Zähnen und Nägeln überfallen; und obwohl sie eine böswillige Mannschaft waren, schien ihre Geschichte wahr zu sein, während sie mit vielen Kratzern übersät waren, die nicht durch die Folter entstanden waren.

Bei dieser Nachricht verlor mein Bruder den Mut und fiel aschebleich in den Sessel zurück. Ich wurde sofort mit ihm allein gelassen; aber er antwortete nichts auf meine Fragen, und es schien mir, als schliefe er. Als der Tag anbrach , fror ich vor Kälte, und da ich nichts tun konnte, um ihm zu helfen, ging ich die Treppe hinunter. Dort fand ich unsere Herren beim Abschied, denn der eine war in die Stadt gegangen, um Nachforschungen über das Feuer anzustellen, und der andere wollte gern sein warmes Bett aufsuchen.

Um sie zu trösten, war heißer Alantwein serviert worden, als wir erneut Pferdehufe und den Ruf des Wächters hörten. Alle kamen in Eile heraus, nur Onkel Christian Pfinzing rührte sich nicht, denn solange der Weinkrug nicht leer war, hätte es noch mehr nötig gehabt, um ihn zu bewegen. Er war ein mächtiger, dicker Mann mit einem kurzen ziegelroten Hals, kurzgeschnittenen grauen Haaren und einem runden, wohlgefälligen Gesicht, mit klugen kleinen Augen, die aus seinem Kopf hervorstanden.

Wir jungen Schoppers liebten diesen fröhlichen, warmherzigen Onkel, der kinderlos war, von ganzem Herzen; aber ich klammerte mich am meisten an ihn, da er mein lieber Pate war; Ebenso hatte er viele Jahre lang eine besondere und wahrhaft väterliche Fürsorge für Ann gezeigt.

Nun, Onkel Christian hatte friedlich den feurigen Schnaps getrunken und auf die anderen gewartet; Als sie aber kamen, um ihm zu erzählen, welche Botschaft der Reiter gebracht hatte, fiel ihm der Becher aus der Hand, fiel klappernd auf den gepflasterten Boden und verschüttete den Wein. und gleichzeitig senkte sich sein freundlicher, treuer Kopf zur Seite, und für ein paar Minuten hatten ihn seine Sinne verlassen. Obwohl es uns bald gelang, ihn wieder zum Leben zu erwecken, stellte ich zu meinem großen Kummer fest, dass seine Zunge schwer geworden zu sein schien. Doch mit der Hilfe der Heiligen Jungfrau erholte er sich später so weit, dass seine laute Stimme und sein tiefes Lachen im Raum zu hören waren, als er über seinen Tassen saß.

Die Nachricht, die der Bote überbrachte und die diese Krankheit verursachte – vor der ihn der Blutegel Ulsenius zuvor gewarnt hatte – hätte das Herz eines strengeren Mannes erschüttern können; denn mein Onkel Christian wohnte als Wächter in der kaiserlichen Festung, und es war seine Aufgabe, sie zu bewachen. Daneben stand auf demselben Hügel ebenfalls die alte Burg des Burggrafen Friedrich. Nun hatte sich der Burggraf mit dem Herzog Ludwig dem Bärtigen von Bayern-Ingolstadt zu hohen Reden geäußert, so dass der Oberhofmeister des Herzogs, der edle Christoph von Laymingen , der zu Lauf residierte , mit seinem Herrn im Rücken so dreiste gemacht hatte, als den Frieden mit Friedrich zu brechen, obwohl dieser zuletzt als Kurfürst der Mark Brandenburg ein mächtiger Fürst geworden war.

Der besagte Christoph von Laymingen , so erzählten uns die Reiter, sei in dieser dunklen Nacht nach Nürnberg ausgeritten und habe die Burg erobert – zwar nicht die Reichsburg, die unversehrt dastand, sondern die Festung der alten Familie Zollern , die ihr zur Seite gestanden hatte – und brannte es bis auf die Grundmauern nieder . In den Augen des Stadtrates war dies in der Tat keine große Beleidigung, da er keine große Freundschaft mit Seiner Lordschaft, dem Constable und Kurfürsten, pflegte und viele Streitereien mit ihm gehabt hatte – nein, der Rat war noch lange danach in der Lage, dies zu tun Erlangung des Besitzes des Landes und der Ruinen durch Käufe – bis Onkel Christian bitter bereute, dass er seine Soldaten, deren Aufgabe es war, die Burg zu verteidigen, aufs Land geschickt hatte, obwohl dies zu einem so guten Zweck wie dem Kampf gegen sie geschah die Hussiten.

Es hätte ihn beim Kurfürsten in schlechte Gunst bringen können; es hat ihm jedoch keinen weiteren Schaden zugefügt. Eines war zweifellos zweifelsfrei bewiesen: In dieser Angelegenheit war schurkischer Verrat am Werk gewesen; In Nürnberg stellte sich unter der Folter heraus, dass der Bärenmeister ein Spion und Verräter gewesen war, der von Laymingen bestochen worden war , um herauszufinden, wohin sich Pfinzing und seine Männer zurückgezogen hatten.

Und damit niemand glaubt, dass das Leid, das in der kurzen Zeit von Mitternacht bis Tagesanbruch über die Waldhütte gekommen war, ein Ende hätte, muss ich noch eines aufzeichnen: denn der neue Tag, der ohne die Farbe Rosa anbrach, grau und düster über den gelbbraunen Wäldern, brachte uns neues Leid und Böses.

Hinter der Mooshütte, in der ich mit dem tanzenden Fräulein meinen Herdegen gefunden hatte, hatten der schwäbische Junker und Ritter Franz ohne Rücksicht auf Gesetz und Ordnung eines solchen Kampfes gekämpft – um Leben und Tod und um meinetwillen. Und als ob ich in dieser grausamen Zeit dazu verdammt wäre, alles durchzumachen, was mein armes Herz am schlimmsten verletzen würde, musste ich unbedingt in dem Moment hinausgehen, um die betroffene Linde zu sehen, als der Junker seinem Feind einen tödlichen Schlag versetzt hatte und davongerannt kam mit all seinen Haaren wie ein Verrückter. Es war in der Tat ein gnädiger Zufall, dass mein Onkel Conrad und der Kaplan ebenfalls in den Garten gekommen waren, damit ich mit ihnen gehen konnte, um den verwundeten Ritter zu sehen.

Der Jüngling lag im nassen Gras, jetzt viel blasser als je zuvor, und seine Lippen zitterten vor Schmerz. Ein verblasstes Blatt war auf seine Stirn gefallen und wirkte seltsam auf seiner aschfahlen Haut. aber ich bückte mich und nahm es ab. Neben ihm lag die entwurzelte Linde , von der das Blatt gefallen war, und während der Regen schnell von ihr tropfte, schien es mir, als würde sie weinen.

Und mein Herz war wie nie zuvor mit diesem jungen Ritter verbunden, der sein Blut für mich vergossen hatte; Doch während ich voller Liebe in sein Gesicht blickte, näherte sich der Schwabe ihm mit bösen Augen, und aus denen des Verwundeten warf mir ein Blick zu, der so voller Hass und Bosheit war, dass ich davor schauderte. Dies war also ein Ende mit allem Mitleid und aller Zärtlichkeit. Und doch konnte ich die Tränen nicht unterdrücken, als ich sein kaltes, ernstes Gesicht betrachtete, das so blass und weiß wie matte Kreide war; Denn es ist immer erbärmlich zu sehen, wenn der Tod einen ereilt, der nicht reif zum Sterben ist, wenn wir das grüne Korn beklagen, das vom Hagel getroffen wird, und ein Fest feiern, wenn der Schnitter die goldenen Ähren abschneidet.

So befanden sich außer meiner Tante noch drei Kranke und Verwundete in der Waldhütte; denn Onkel Christian muss ein paar Tage Ruhe und Pflege haben. Dennoch mangelte es nicht an uns, sie zu betreuen; Ann wurde heute geborgen und Cousine Maud war in aller Eile gekommen, sobald sie wusste, was Herdegen widerfahren war ; denn von uns allen hatte er den größten Raum in ihrem Herzen; und selbst als er zur Schule ging, hatte sie ihm, obwohl er Geld und noch mehr übrig hatte, so großzügig von ihrem gegeben, dass er den Söhnen wohlhabender Grafen um nichts nachstand.

Während ich die Zeit abwartete, bis meine Cousine kommen würde – und sie konnte erst am Abend –, war es meine Aufgabe, bei meinem Bruder zu bleiben; aber während Ann mir gern geholfen hätte, war diese Tante Jacoba der Meinung, dass sie für ein junges Mädchen in keiner Weise geeignet sei; geschweige denn würde sie meinem ernsthaften Wunsch nachkommen, mich der Fürsorge von Sir Franz zu widmen; Sie dachte jedoch weniger daran, die Eignung zu prüfen, als vielmehr daran, dass es für den verwundeten Mann auf dem Höhepunkt seines Fiebers von geringem Nutzen sein würde, zu wissen, dass die Magd, um deren Liebe er vergeblich gefleht hatte, an seiner Seite war .

Daher war es mir verboten, Ann in der Kammer meines Bruders zu sehen; Dennoch lag mir viel auf dem Herzen und ich konnte vermuten, dass sie ebenfalls begierig darauf war, mit mir zu sprechen; aber als ich schließlich allein mit ihr in unserem Schlafzimmer war, hatte sie Stoff zum Reden, von dem ich nicht einmal geträumt hatte. Als ich sie fragte, welche Botschaft ich Herdegen von ihr überbringen sollte , bat sie mich, weil ich sie liebte, sie in seiner Gegenwart überhaupt nicht beim Namen zu nennen. Das erstaunte mich in der Tat nicht wenig, da ich nicht bedauerte, dass sie von all dem Kummer wusste, den ich gestern erlitten hatte. Aber das war nicht so; Jetzt erfuhr ich, dass sie alles markiert hatte und die fröhlichen Worte der Männer über den schneidigen Jungen gehört hatte, den das dunkeläugige Mädchen so schnell unter allen ausgewählt hatte. Ich habe zwar versucht, das Beste aus der Sache zu machen, aber sie gab mir zu verstehen, dass, wenn ihr Geliebter sich nicht selbst Unrecht getan hätte, es ihre Absicht gewesen sei, ihn noch am selben Tag zu befragen, ob er es ernst meinte seine Liebesversprechen, oder lieber, dass sie ihm seinen Ring und sein Wort zurückgibt. All dies sprach sie ohne eine Träne oder einen Seufzer, mit unerschütterlicher Absicht; und schon begann ich meinerseits an der Wahrheit ihrer Liebe zu zweifeln; und das habe ich ihr deutlich gesagt. Daraufhin drückte sie mich an sich, und während sich die Tränen in ihren großen Augen sammelten und funkelten, erklärte sie mir die ganze Angelegenheit; und in Wahrheit war das alles, was ich selbst an ihrer Stelle hätte sagen sollen. Sie, von einfacher Abstammung, würde auf Duldung in den Kreis ihrer Vorgesetzten eintreten, und ihre neuen Freunde würden ihr mit Sicherheit nicht mehr Ehre erweisen als ihrem eigenen Ehemann. Daher hing es von der Art und Weise ab, wie er sie behandelte, welches Maß an Respekt sie als seine Frau erwarten würde. Und solange ihr Heiratsversprechen ein Geheimnis war, wollte sie, dass er ihr allein oder vor aller Welt zeigte, dass er ihr Einverständnis für nicht weniger wert hielt als das der reichsten und höchstgeborenen Erbin.

All dies sprach sie in heißer Eile, während ihre Wangen rot glühten. Ich sah die blauen Adern auf ihrer reinen Stirn anschwellen und kann das Bild von ihr nie vergessen, als sie ihre tränenreichen Augen zum Himmel hob und ihre Hände auf ihren keuchenden Busen drückte und rief: „Mit ihm in Not oder Tod hinauszugehen ist nichts.“ ! Aber niemals werde ich mich beschämen lassen, nicht einmal von ihm.“

Als ich sie schließlich verließ, nachdem ich ihr viele liebevolle Worte gesagt und sie lange in meinen Armen gehalten hatte, war sie bereit, ihm zu vergeben; aber sie hielt daran fest: „Kein Wort, kein Blick, kein Kuss, bis Herdegen geschworen hatte, dass die gestrige Beleidigung die erste und letzte sein sollte , die sie jemals erleiden sollte.“

Wie klar hatte sie die Sache verstanden!

Obwohl sie kaum wusste, wie tief ihr Geliebter gegen die Wahrheit gesündigt hatte, die er ihr schuldete. Sie sagen, dass die Liebe blind ist, und das mag zunächst auch so sein. Doch als sein Vertrauen erschüttert wird, fällt der Verband und der halbblinde Junge verwandelt sich in einen vieläugigen, scharfsichtigen Argus.

KAPITEL IX.

Alle waren bereit, die kleine Magd zu stillen, die sich selbst „kleine Katie" nannte. Aber was Herdegen betrifft , war ich gezwungen, ihm vorerst nichts darüber zu sagen, was Ann von ihm verlangte, denn er hatte Fieber. Er wurde treu von Eppelein betreut , dem Sohn eines guten Dieners unseres Vaters , der sein Leben verloren hatte, als er auf seinen Herrn wartete, als er von der Pest heimgesucht wurde. Eppelein war tatsächlich in unserem Haushalt unter den Pferden aufgewachsen; Schon als Knabe hatte er Herdegen abwechselnd bei seinen Spielen geholfen, ihm gute Dienste erwiesen und ihm immer eine herzlichere Liebe entgegengebracht als die eines Söldners.

Eines Tages ereignete sich, dass das beste Pferd meines Bruders durch die Schuld dieses Jünglings Schaden erlitten hatte, und als Herdegen ihm viele Tage lang nichts sagen wollte, nahm sich der Junge das so bitter zu Herzen, dass er sich aus dem Haus stahl, und wohin Niemand konnte ihn finden, wir fürchteten lange, dass er sich Unrecht getan hatte. Dennoch war er lebendig und hatte ein gutes Herz. Er hatte die Monate in einem abwechslungsreichen Leben verbracht; zunächst als Ausrufer für einen umherziehenden Quacksalber, und danach hatte er, da er ein flinker und sympathischer Junge war, die Gäste in einem der meistbesuchten Gasthäuser am Wurzberg bedient . Dann begab es sich, dass seine Eminenz Kardinal Branda, Nuntius Seiner Heiligkeit des Papstes, dort sein Quartier bezog und den Jungen als seinen Leibdiener mit nach Italien nahm und ihn gut behandelte, bis der ruhelose Unhold plötzlich zu Boden ging in eine Mattigkeit des Heimwehs verfiel und vor diesem guten Herrn davonlief, wie er einst aus unserem Haus weggelaufen war. Vielleicht trieb ihn eine Liebesgeschichte zum Fliegen. Es ist sicher, dass er auf seinen Wanderungen unter Fremden ein sehr geschickter, hellwachiger Kerl geworden war, der viel Gutes in sich hatte, da er bei all seiner Subtilität sein wahres Nürnbergerherz bewahrt hatte .

Als er wohlbehalten wieder nach Hause gereist war , schlich er sich eines Tages unbemerkt in unseren Hof, wo seine alte Mutter in einem Nebengebäude auf Kosten der Wohltätigkeitsorganisation der Schoppers wohnte ; Er ging auf sie zu und stellte sich vor sie, obwohl sie ihn nicht kannte, und legte ihr die Goldstücke, die er gerettet hatte, eins nach dem anderen auf den Arbeitstisch. Die kleine alte Frau wusste vor lauter Verwunderung kaum, wo sie war, und wusste auch nicht, wer er war, bis er beim Anblick ihrer Bestürzung in sein altes lautes Lachen ausbrach. Wahrlich, wie sie später sagte, erfüllte dieses Lachen ihr Herz mit größerer Freude und klang süßer in ihren Ohren als die Goldstücke.

Dann hatte Susan uns in den Hof gerufen, und als ein kluger junger Bursche, halb italienisch und halb deutsch gekleidet, auf uns zukam, wusste niemand, wer er sein könnte, bis er Herdegen direkt ins Gesicht sah und mein Bruder weinte out: „Es ist unser Eppelein !“ Dann flossen ihm die Tränen schnell über die Wangen, aber Herdegen drückte ihn an sich und küsste ihn herzlich auf beide Wangen.

All das kam mir in den Sinn, als ich das sah, sagte Eppelein und legte auf Geheiß meiner Tante vorsichtig und traurig ein nasses Tuch auf den Kopf seines Herrn, wo er so eine schwere Schnittwunde erlitten hatte. und dachte, wie gut es gewesen wäre, wenn Herdegen noch so bereit gewesen wäre, dem Impuls seines Herzens zu folgen.

Als mir sofort klar wurde, dass ich in diesem Bett, in dem Eppelein treue Wache und Wache hielt, nicht gebraucht wurde und dass Sir Franz‘ Zimmer für mich verschlossen war, ging ich wieder die Treppe hinunter, denn ich hatte ein Gerücht gehört, dass der dunkelhäutige Junge – der gestern gespielt hatte auf der Pfeife – sollte der Folter ausgesetzt werden. Dies hätte ich gerne verhindert, obwohl ich mir aufgrund vieler Anzeichen sicher war, dass der besagte hübsche junge Mann nicht zu der Vagabundenmannschaft gehörte, sondern, wie die kleine Katie, durchaus ein Kind sein konnte, das aus irgendeinem Adelshaus schelmisch entführt wurde. Als ich die Halle erreichte, wollte Balzer, der Wirt, den Jungen hineinbringen. Draußen war es zwar dunkel und nass, aber drinnen war es nicht weniger gemütlich, denn im breiten Kamin brannte ein mächtiges Feuer. Meine Tante wärmte sie dort, und Ann war ebenfalls mit von der Partie, mit Onkel Conrad, Jost Tetzel, meinem Patenonkel Christian Pfinzing und den mehreren Gästen.

Ich gesellte mich zu ihnen und erzählte ihnen mit leiser Stimme, was ich bemerkt hatte, und sagte, dass der junge Mann eher ein gutes Gewissen haben müsse; Denn obwohl er nicht in die Zelle geworfen, sondern in einen Stall gesperrt worden war, um sich um die Kamele und den Affen zu kümmern, hatte er dennoch nicht versucht zu fliehen, obwohl es leicht gewesen wäre.

Einige neigten zu dieser Meinung; und als ich sah, dass der Junge nur ein paar Worte Deutsch sprach, aber mehr Italienisch konnte, redete ich ihn in dieser Sprache an; und dann stellte sich heraus, dass er tatsächlich ein gestohlenes Kind war. Die Vagabunden hatten in Italien für ihn getauscht und ihm im Tausch ein schönes Mädchen geschenkt, das sie bei sich hatten; Ebenso sagte er, er sei von fürstlicher Abkunft, sei aber vor etwa zwei Jahren in die Sklaverei geraten, als eine schöne Galeere unter der Führung seines Vaters, eines Emirs oder Prinzen von Ägypten, mit einem anderen aus Genua in Italien gekämpft hatte.

Als ich diese Worte nun den anderen erklärt hatte, erklärte Jost Tetzel, Ursulas Vater, sie für reine Lügen und Gaunerei; selbst Onkel Conrad hielt sie für wenig wert; und aus diesem Grund: Wenn der Junge tatsächlich der Sohn eines großen Emirs von Ägypten gewesen wäre, hätte der Bärenführer mit Sicherheit einen Vorteil aus ihm gezogen, indem er sein Lösegeld verlangt hätte.

Aber als ich dem Jungen davon erzählte, richtete er seine großen Augen sehr bescheiden auf mich, und in seiner Miene und seiner Stimme lag wahrlich keine geringe Würde, als er mich fragte:

„Könnte ich dann meine Eltern, die immer gut zu mir waren, in Armut bringen, um dieser bösen Brut Reichtum zu schenken? Niemals hätten diese schurkischen Schurken von mir lernen sollen, was ich dir voller Güte und Schönheit voller Freude offenbart habe!“

Diese Rede ging mir zu Herzen; Und wenn es nicht die Wahrheit wäre, dann gäbe es keine Wahrheit auf der ganzen Welt! Aber als ich seine Worte noch einmal interpretiert hatte und Tetzel immer noch nur mit den Schultern zucken wollte, ärgerte mich das so sehr, dass ich nur noch versuchen konnte, mich zurückzuhalten und zu schweigen.

In Onkel Christians Augen hatte ich von Anfang an gesehen, dass er mit mir einer Meinung war; Dennoch konnte ich nicht erraten, welche Absicht er in seinem Kopf hatte, obwohl es ihrem Gesicht nach zu urteilen ziemlich seltsam war, als er mit seiner armen, gefesselten Zunge irgendeine Bitte an Ann murmelte. Als sie mir dann erzählte, was mein Pate von mir verlangte, beeilte ich mich nicht zu gehorchen, denn tatsächlich hinderten mich mädchenhafte Schüchternheit und Mitleid. Doch während der tapfere alte Mann mit seinem schweren Kopf, der immer noch mit einem kalten, nassen Tuch bedeckt war, nickte, um mich anzuspornen, nahm ich all meinen Mut zusammen und verpasste ihm, bevor der Junge es merkte, eine Ohrfeige auf die Wange.

Es war kein harter Schlag, aber der Junge schien so erstaunt zu sein, als ob sich die Erde zu seinen Füßen geöffnet hätte. Sein dunkles Gesicht wurde aschgrau und seine großen Augen blickten mich tränenüberströmt und fragend an, aber so schmerzlich, dass ich meine unziemliche Tat bereits bereute.

Bald jedoch hatte ich Grund zur Freude; Das Verhalten des Jugendlichen gewann seine Sache. Onkel Christian wollte ihn nur beweisen. Er kannte Männer gut und wusste, dass Jugendliche unterschiedlicher Herkunft einen Schlag ins Gesicht auf unterschiedliche Weise einstecken; Jetzt hatte der Sohn des Emir ihn als einen seines Ranges erniedrigt und die Prüfung überstanden! Das erzählte ihm meine Tante Jacoba , denn sie hatte Onkel Christians Absicht sofort durchschaut, und bald darauf gestand Jost Tetzel selbst, obwohl unzufrieden und mürrisch, seinen Fehler. Dann, als sie dem Jüngling versprochen hatten, dass er von jeder weiteren Misshandlung verschont bleiben würde, öffnete er das Futter seines Gewandes und zeigte uns einen Edelstein, den seine Mutter heimlich um seinen Hals gehängt hatte und der ein Klumpen oder eine Tafel von kostbarem Wert war himmelblauer Turkis -Stein, so groß wie eine große Pflaume, auf dem ein Zauber mit seltsamen, ausgefallenen Zeichen eingraviert war, die der jüdische Rabbi Hillel, als er ihn sah, für arabische Buchstaben erklärte.

Der Bärenführer hatte den Jungen Beppo gerufen; Aber sein richtiger Name war lang und schwer auszusprechen, und mein Onkel aus dem Wald wählte daraus zwei Silben für einen Namen, den er problemlos aussprechen konnte, und nannte ihn Akusch .

Mit Cousin Mauds Zustimmung wurde der schwarze junge Mann in meinen Dienst als Gutsherr aufgenommen, da ich es war, der ihn zunächst „zum Ritter ernannt“ hatte; und als ich ihm das zu verstehen gab, konnte er sich vor Freude nicht zurückhalten, und von dieser Stunde an erwies er sich als mein treuester Diener, immer wachsam und dankbar; und das kleine Wohlwollen, das ich dem armen Jungen entgegenbringen konnte, trug später mehr als tausendfache Früchte für mich und meine Familie.

Nach Mittag desselben Tages gestand mir Ann, dass sie sich vorgenommen hatte, noch am selben Abend die Loge zu verlassen und mit Meister Ulsenius nach Hause zu reisen ; und als sie allen meinen Bitten widerstand , erzählte sie Cousine Maud ebenfalls, dass sie ihre eigenen Verwandten tatsächlich schon zu lange ohne ihren Beistand gelassen hatte.

Tante Jacoba war in ihrer Kaminecke, und man kann sich vorstellen, wie sie diesen plötzlichen Vorsatz von Anns Seite aufnahm.

Es war ein so düsterer Tag, dass es kaum eine Veränderung gab, als die Dämmerung hereinbrach. Graue Wolkenkränze hingen über den Baumwipfeln, und feiner Regen tropfte mit einem sanften, gleichmäßigen Plätschern, als würde er niemals aufhören; Es gab auch keinen anderen Ton, da weder Horn noch Wächterruf noch Glocke die Stille zum Wohle der Verwundeten brechen konnten. ja, sogar die Hunde schienen mir klar zu sein, dass der tägliche Lauf des Lebens aus dem Ruder gelaufen war.

Ann war mit Susans Hilfe gegangen, um ihr kleines Gepäck zu packen, aber sie hatte mich gebeten, bei dem Kind zu bleiben. Es ging gut voran; Es würde mit der Puppe spielen, die meine Tante ihm als fröhlichen Zeitvertreib geschenkt hatte, und nun gehorchte ich dem Willen der Kleinen und war richtig froh, eine Zeit lang ihr Spielgefährte zu sein. Die Zeit verging wie im Flug, während ich dasaß und mich mit der kleinen Katie lustig machte, ab und zu die Lederhosen und das Wams der Puppe anzog, auf die kleine Schulter des Kindes blies, wenn es schmerzte, oder ihr ein Bonbon gab, um es zu trösten, und trotzdem kam Ann nicht, obwohl sie hatte versprochen, zu mir zu kommen, sobald ihr Gepäck fertig sei.

Daraufhin überkam mich eine plötzliche Angst, und sobald die Haushälterin heraufkam, machte ich mich auf die Suche nach Ann in unserem Zimmer. Da stand all ihr Hab und Gut, so ordentlich, wie nur sie es schaffen konnte; und ich erfuhr von Susan, dass Ann vor einiger Zeit in Tante Jacobas Zimmer gegangen war .

Ich wollte sie dort aufsuchen und ging am Vorzimmer vorbei, in dem der Schreibtisch und die Bücher der kranken Dame standen und das zum Wohnzimmer führte. Ich ging leichtfüßig vor, weil sich die Kammer des Ritters darunter befand; also hörte mich niemand; aber ich konnte über den dunklen Vorraum hinaus in den weiteren Raum sehen, wo Wachslichter in einem Doppelleuchter brannten, und siehe da! Ann kniete neben dem Lager der kranken Dame, wie die Linde, die der Sturm gestern Nacht umgeworfen hatte; und sie versteckte ihr Gesicht im Schoß meiner Tante und schluchzte so heftig, dass ihr schlanker Körper wie im Fieber zitterte. Und Tante Jacoba hatte ihre beiden Hände gleichsam segnend auf Anns Kopf gelegt. Und ich sah, wie zuerst eine große Träne und dann noch viele weitere über das Gesicht dieser Frau liefen, die ihren eigenen schönen Sohn verstoßen hatte. Oft hatte ich an ihrem kleinen Finger einen bestimmten Ring markiert, in den ein kleines weißes Ding eingelassen war; Doch war dies kein Knochensplitter einer Heiligen, sondern der erste Zahn, den ihr verbannter Sohn verloren hatte. Und wenn sie merkte, dass kein Mann sie sah, legte sie ihre Hand auf ihre Lippen und küsste den kleinen Zahn mit inbrünstiger Liebe. Und nun, während die Liebe in ihrem Herzen wieder erwacht war, hatte dieser Sohn seinen Teil und Anteil daran; denn obwohl niemand es wagte, ihn in ihrer Gegenwart zu erwähnen, liebte sie ihn immer wie ihren Augapfel.

Ich war kein Zuhörer und konnte doch meine Ohren nicht verschließen; Ich hörte, wie die gebrechliche alte Dame die liebeskranke Magd ermahnte und ihr Vertrauen auf Gott und auf Herdegens Treue sagte. Auch hörte ich sie in der Tat gut über den Geist und Willen meines Bruders als edel und aufrichtig sprechen; und sie versprach Ann, sie nach besten Kräften zu unterstützen.

Sie verabschiedete sich von ihrem Liebling mit einem liebevollen Kuss und vielen tröstenden Worten; Und während sie das tat, erinnerte ich mich an ein wundervoll schönes Mädchen, die Tochter des Kupferschmieds Pernhart , die Jung und Alt in der Stadt als die schöne Gertrude kannte, und jedes Mal, wenn ich sie in letzter Zeit gesehen hatte, kam es mir vor, als wäre sie noch trauriger geworden blasser geworden, und von dem ich jetzt wusste, dass ich ihn nie wieder sehen würde, da Onkel Christian uns erst gestern mit Tränen in den Augen erzählt hatte, dass dieses süße Mädchen vor Sehnsucht gestorben und erst vor ein oder zwei Tagen begraben worden sei mit viel Pomp. Nun hatte meine Tante diese Nachricht gehört, und sie hatte schweigend den Kopf geschüttelt, die Hände wie zum Gebet gefaltet und den Blick auf den Boden gerichtet.

Cousine Götz und Herdegen – die schöne Gertrude und meine Ann; Was machte sie so unähnlich, dass meine Tante sich dazu durchringen konnte, ihre Liebesbande in einem so unterschiedlichen Maß zu messen?

Ich verließ das Zimmer, als Ann herauskam, und vor der Tür schloss ich sie in meine Arme; und in der letzten Stunde, die wir zusammen in der Waldhütte verbrachten, begrüßte sie ihren Herzensliebsten und schenkte mir für ihn die Rosenknospe vom letzten Oktober, die mein Onkel zum Abschied für sie gepflückt hatte. Dennoch hielt sie an ihren Forderungen fest.

Sie verließ uns nach dem Abendessen, begleitet von Meister Ulsemus . Sie war eines sonnigen Morgens mit dem Gesang der Lerchen hierher gekommen, und nun ging sie in Dunkelheit und Düsternis davon.

KAPITEL X.

„Beim heiligen Bacchus – wenn es so einen Heiligen im Kalender gibt, dann ist da was drin, mein Junge!“ rief der stämmige Onkel Christian Pfinzing und schlug mit den Fäusten auf den Tisch, dass alle Gefäße klingelten. Seine Zunge war immer noch etwas schwer, aber in den drei Wochen, seit Ann gegangen war, hatte er sich stark gebessert, und zu diesem Zeitpunkt war es schwer genug, ihn vom Weinkrug loszubekommen.

Im Refektorium der Waldhütte hatte er sich auf diese Weise meinem Onkel Conrad und Jost Tetzel, Ursulas Vater, übergeben; und er sprach von meinem Bruder Herdegen .

Herdegen war von seinen blauen Flecken geheilt und seine leichten Gliedmaßen waren noch nie so flink wie jetzt; Noch immer trug er seinen linken Arm in einer Schlinge, denn da war es, sagte er, der Huf des Pferdes hatte ihn getroffen. Wohin das Pferd geflohen war, hatte niemand jemals gehört; Niemand fragte nach, denn es war nur Eppeleins Nörgler, und mein Großonkel hatte ihm einen besseren gegeben.

Mein dummes Gehirn war von Anfang an verwirrt gewesen, als ich darüber nachgedacht hatte, warum mein Bruder mit diesem Pferd zu seinem Vormund reiten sollte, der mehr als andere Männer an ein gutes Pferd dachte. Und in Wahrheit war ich nicht weit davon entfernt, richtig zu raten, und so werde ich gleich darlegen, wohin das Pferd meines lieben Bruders tatsächlich verschwunden war und durch welchen Zufall und Zufall es in eine so schlimme Lage geraten war.

Lorenzer Mauer wiederfinden würde . Als sich die Dinge nun so schlimm entwickelten, gelobte er, sie sicher aus der Kerkerzelle zu befreien. Zu diesem Zweck tat er so, als würde er in die Stadt reiten, nachdem er den Schlüssel zum Schwarzen Loch in Besitz genommen und einen Anzug seines Mannes sowie einen Laib Brot in seiner Satteltasche verstaut hatte. Dann wanderte er eine Zeit lang im Wald umher, und sobald es dunkel wurde , schlich er sich zu Fuß wieder zum Haus zurück. Er hatte einen kühnen und gut durchdachten Plan geschmiedet, und doch hätte er möglicherweise ein schlechtes Ende nehmen können; Denn obwohl die Hunde, die ihn gut kannten, ihn in die Zelle ließen, wurde er in seinem Innern so heftig angegriffen, dass er seine ganze Kraft und Schnelligkeit brauchte, um ihm standzuhalten. Die widerspenstigen Unglücklichen hatten geplant, über ihn herzufallen und mit der Dirne aus ihrem Gefängnis zu fliehen, selbst wenn es über seinem toten Körper wäre.

Einer der Bärenführer hatte versucht, ihm die Stricke von den Händen zu nehmen, und als mein Bruder den dunklen Ort betrat, an dem die

Gefangenen lagen, flogen sie auf ihn zu, um ihn zu töten . Aber schon auf der Schwelle erkannte Herdegen ihre Absicht, und kaum hatte er die Tür geschlossen, zog er sein Jagdmesser. Dann packte ihn die alte Beldame am Hals und zerkratzte ihn mit Zähnen und Nägeln; Einer der Raufbolde schlug ihn mit einem Stock, den er vom Bettgestell gerissen hatte, bis er glaubte, er hätte alle seine Glieder gebrochen oder gequetscht, während der andere, dessen Hände noch gefesselt waren, sich zwischen ihn und die Tür drückte. In Wahrheit hätte er ein schlimmes Ende genommen, wenn die jüngere Frau ihn nicht unter Einsatz ihres eigenen Lebens gerettet hätte. Der Mann, der seine Fesseln losgeworden war, hatte den schweren irdenen Krug erhoben, um damit Herdegens Kopf zu brechen, als das tapfere Mädchen den Arm des Unglücklichen packte und ihn festhielt, bis Herdegen ihn mit seinem Messer traf. So fiel der Rädelsführer, und mein Bruder zog seine Befreierin hoch und zerrte sie zur Tür. Als er sie öffnete, setzten die alte Frau und der andere Gefangene ihre letzte Kraft ein, um sich den Ausgang zu erzwingen, aber mit seinem starken Arm stieß er sie zurück und verschloss die Tür vor ihnen.

So führte er die junge Frau, die im Kampf besser davongekommen war, als er befürchtet hatte, in die Freiheit, um sein Wort gegenüber ihr zu halten.

Draußen im Wald ließ er sie, trotz Donner und Blitz, Eppeleins Gras anziehen und den Nörgler besteigen. Danach führte er ihr Pferd zum Bach, der durch den Wald bis zur Wiese fließt , und befahl ihr, so weit sie konnte im Wasser entlang zu reiten, um die Hunde von der Fährte abzubringen. Das Brot in der Satteltasche würde sie ein paar Tage lang ernähren, und jetzt lag es bei ihr, um der Verfolgung zu entgehen. Und diese gute Tat meines Bruders hatte das verlorene Geschöpf ins Herz getroffen; Als er ihr beim Aufsteigen helfen wollte, fiel er vor Blutverlust auf den nassen Boden, aber als er seine Augen wieder öffnete, siehe, siehe, sein Kopf ruhte auf ihrem Schoß und sie küsste seine Stirn. Trotz ihrer eigenen Gefahr hatte sie ihn nicht in solch einer schlimmen Lage gelassen, sondern alles getan, was sie konnte, um ihn zur Besinnung zu bringen; nein, sie hatte im Schein des Blitzes Blätter gesammelt, um das Blut zu stillen, das frei aus seinen schlimmsten Wunden floss. Sie ließ sich auch nicht dazu bewegen, ihren Weg fortzusetzen, bis er ihr zeigte, dass er tatsächlich gehen konnte.

So kam es mir vor , dass ich noch lange mit Güte an sie dachte; und tatsächlich war sie nicht ganz gemein; und jede Menschenseele hat etwas Gutes in sich, das zur Liebe ansporn, insofern es die Liebe ist, die Licht auf alle werfen kann, und zwar völlig hell; und was hell ist, ist gut; und dieses Licht erlischt nicht, bis der letzte Funke erloschen ist.

Was Herdegen betrifft, so habe ich wahrlich nie verstanden, wie er es in seinem Herzen finden konnte, sein Leben aufs Spiel zu setzen, um sein Wort gegenüber einem vagabundierenden Mädchen zu halten, während er gleichzeitig mit der schönsten und süßesten Magd der Welt den Bund fürs Leben brach Erde. Dennoch halte ich es vor allem für gut für ihn, dass er sein Leben und seine Ehre aufs Spiel setzen konnte, um zu verhindern, dass diejenigen, die ihn so schändlich überfallen haben, dem Arm der Gerechtigkeit entgehen; und es ist diese Einhaltung des Gesetzes, die wirklich mehr dazu beiträgt, Männer über uns Frauen zu erheben, als alles andere.

Nun, an jenem Abend, als Onkel Christian meinem Bruder dieses Versprechen gab, war Herdegen geistig und körperlich wieder ganz er selbst. Zuerst schien es, als ob zwischen uns eine Mauer errichtet worden wäre; aber nachdem ich ihm gesagt hatte , dass ich Ann alles verheimlicht hatte, was ich zufällig in der Mooshütte gesehen hatte, war er so freundlich und vertrauensvoll wie früher und zeigte sich eher bereit, Ann das Versprechen zu geben, als sie Ich brauchte mehr, als ich gesucht hatte, um ihn zu finden, so halsstarrig wie immer. Und er hörte ungerührt zu, als ich ihm erzählte, was Ann gesagt hatte: „Dass sie bereit war, ihm bis in den Tod zu folgen, aber nicht bis zur Schande."

„Das", sagte er, „brauche sie vor keinem wahren Mann zu fürchten, und bei all seiner Wildheit könnte er sich doch so nennen." Dann streckte er sich in voller Länge auf seinem Stuhl aus, warf die Arme in die Luft und rief:

„Oh, Margery. Wenn du nur für eine halbe Stunde in die Haut deines verrückten Bruders schlüpfen könntest. In deiner eigenen, die so rein weiß ist, kannst du bis zum Tag des Untergangs nie verstehen, was ich bin. Wenn ich es jemals getan habe Mir schien es langweilig, es ist nur ein gutes Erscheinungsbild; wahrlich, ich könnte zehnmal am Tag ausbrechen und wie eine Rakete in den Himmel schießen aus reiner Lebensfreude. Wenn mich diese Stimmung überkommt, gibt es kein Halten mehr an mir, und ich sollte es wagen zu schwören dass die ganze schöne Erde für meinen alleinigen und freien Gebrauch geschaffen und erschaffen wurde, mit allem, was darin ist – und über allen anderen Geschöpfen die lieben, süßen Töchter Evas ! – und ich kann dir sagen, Margery, die Frauen stimmen mir zu . Ich brauche nur meine Arme zu öffnen und sie flattern in sie hinein, und nicht, sie fest zu schließen – das, Margery, ist zu viel, um danach zu suchen; doch gibt es nur eine wahre Glückseligkeit, und nur eine Ann, und das Beste von allem Freude ist es, sie an mein Herz zu drücken und ihre Lippen zu küssen. Ich werde ihr treu bleiben, den anderen werde ich nichts zu sagen haben. Aber wie soll ich sie von mir fernhalten? Kann ich mir wünschen, dass diese Schurken mir die Augen ausgestochen, meine Glieder verkrüppelt und mich wie eine Vogelscheuche geprügelt hätten, bis die Mägde mir den Rücken gekehrt hätten? Nein, und selbst kein Regenstrom könnte das heiße Blut der Schoppers kühlen ; Kein Eichenstab und kein Steinkrug konnten die wilden

Gelüste im Inneren stillen. Es bleibt mir nichts anderes übrig, als meinen Körper wie den heiligen Franziskus in die Dornen zu werfen. Aber was würde mir selbst das nützen? Sie sehen selbst, wie gut diese Haut selbst die schlimmsten Wunden heilt!"

Daraufhin ermahnte ich ihn eindringlich, dass er der Dame, die ihm so wahrhaftig gehörte und mit der er Ringe getauscht hatte, eine Liebeserklärung gemacht hatte. Aber er rief: „Glauben Sie, dass ich mir nicht jede Stunde des Tages gesagt habe, dass sie tausendmal mehr wert ist als alle anderen zusammen? Niemals hätte ich ein Mädchen für so süß halten können wie sie jemals." denn wir waren gemeinsame Kinder; nein, und wenn ich sie verlieren würde, würde ich völlig zugrunde gehen, denn von ihr bekomme ich, ein halb ruinierter Unglücklicher, alles, was noch das Beste in mir ist!"

Und oft hörte ich ihn Ähnliches sagen; und als ich sah, wie seine großen blauen Augen aufblitzten, während er sprach, während er die goldenen Locken aus seiner Stirn strich, war er wahrlich ein so schöner Jüngling, dass man leicht erkennen konnte, dass die Töchter Evas bereit sein könnten, ihn zu werfen sich in seine Arme.

An diesem Abend, als es hereinbrach, war Tante Jacoba nicht bei ihren Gästen, aber unwillig, denn wir mussten am nächsten Morgen nach Hause aufbrechen, und die Herren saßen lange bei ihren Abschiedsbechern. Es war Cousin Mauds Anliegen, Onkel Christian daran zu hindern, großzügiger zu trinken, als er sollte; aber heute Abend hatte er sich die Aufgabe schwer gemacht; ja, als sie ihm standhaft die dritte Tasse verbot, verschaffte er sich diese durch List und trotz ihr konnte sie ihn auch nicht dazu überreden, auf die gefährliche Freude zu verzichten. Als er, wie gesagt wurde, geschrien hatte, „da sei Zeug" in meinem Bruder, geschah dies, weil er gemerkt hatte, dass Herdegen seinen Becher schon zum vierzehnten Mal gefüllt hatte, und als der Jüngling ihn vom Alten getrunken hatte Der Mann sang voller Freude:

„Der Eppela Gaila von Dramaus
Reit ' allezeit zu vierzeht aus !"

[Ein alter Volksreim in Nürnberg. „ Eppela (Apollonius) Gaila von Dramaus – oder Drameysr – konnte immer bis zu vierzehn Tassen erreichen."
Apollonius von Gailingen war ein Räuberhäuptling, der der Stadt viel Schaden und Ärger zufügte. Drameysel , im Volksmund Dramaus , war seine Festung in der Nähe von Muggendorf in Schweizer Franken.]

„Wenn der Junge nun das Dreifache der mystischen Sieben trinken kann, wird er tun, was ich in seinem Alter tun könnte."

Und als Herdegen tatsächlich seine einundzwanzig Tassen trank, und als er schließlich auf einer Fuge des Fußbodens die ganze Länge des großen Speisesaals abschritt, freute sich der alte Mann sehr und belohnte ihn mit dem Geschenk eines edlen Humpen, der er selbst hatte einst bei einem Trinkgelage gewonnen. Das alles machte uns Spaß, außer Jost Tetzel, der selbst ein recht gemäßigter Mann war; Tatsächlich wunderte ich mich später, als ich in Venedig sah, wie die wohlhabenden und edlen Herren nur sparsam vom Saft der Traube tranken, weshalb wir Deutschen immer stolz auf einen Mann sind, der tief trinken kann und dazu neigt, schief zu schauen wie zum Beispiel die Angst, den Boden der Tasse zu sehen. Und wenn ich eine Antwort parat hätte, wäre ich das ebenfalls meinem Onkel Christian schuldig; denn noch am selben Abend, als ich Herdegen am liebsten vor dem guten Schnaps gewarnt hätte, gab mein Onkel sein Wort und sagte, es sei die Pflicht eines jeden Menschen, den Wegen des Heiligen Georg, dem Drachentöter, zu folgen und jeden zu unterdrücken und zu töten Teufel; sei es, was es wolle. „Im Weinkelch nun, sagte er, lauert ein Drache namens Trunkenheit, und es gebührt deutscher Tapferkeit und Stärke, ihn nicht nur zu besiegen, sondern sogar dazu zu bringen, gute Dienste zu leisten: Der Teufel der Traube, wie die von ihm getötete Schlange Der Heilige hat zwei breite Schwingen, und der wahre deutsche Trinker muss sich ihrer bedienen, um in den siebten Himmel aufzusteigen.

Und was meinen Herdegen betrifft , so muss ich gestehen, dass seine Stimmung besser, sein Geist klarer und sein Gesang fröhlicher war, wenn er reichlich getrunken hatte ; und das ist bei den Drachentötern nicht der Fall, die von ihren Eltern mit einem guten Temperament und einem starken Gehirn gesegnet wurden.

Jeden Abend hatte es bei ihrem Wein ähnliche fröhliche Unternehmungen gegeben; aber Sir Franz war immer abwesend gewesen. Auch jetzt war er gezwungen, in seiner Kammer zu bleiben, obwohl Meister Ulsenius erklärt hatte, dass sein Leben außer Gefahr sei. Den an seiner Lunge entstandenen Schaden muss er allerdings mit ins Grab nehmen, noch kann er uns noch einige Wochen folgen. Er durfte in dieser Wintersaison nicht daran denken, die Reise zu seinem eigenen Haus in Böhmen anzutreten, und bei diesem Abschiedstrinkgelage berieten wir darüber, unter wessen Dach er eine Unterkunft finden würde. Er seinerseits hätte am ehesten bei uns Unterschlupf gefunden; Aber Cousine Maud lehnte es ab, und das aus gutem Grund, da ich ihr offen gesagt hatte, dass ich niemals auf dieser Welt auf seine Bitte hören würde.

Endlich schien es klar, dass es Jost Tetzels Aufgabe war, ihm in seinem großen Haus ein Zuhause zu bieten; Er weigerte sich auch nicht mit der Begründung, dass Sir Franz von Welemisl ein Mann von Geburt und

Reichtum war und seine böhmischen und ungarischen Verwandten einen hohen Rang am kaiserlichen Hof hatten.

Als wir am nächsten Morgen den Steigbügelbecher tranken, füllten sich meine Augen mit Tränen, und mit traurigem Herzen verabschiedete ich mich vom Wald, von meinem Onkel und von Tante Jacoba , die ich während meines Aufenthalts lieben gelernt hatte War sie fällig? Ich fuhr, wie Ann, nüchterner nach Hause, als ich gekommen war; denn ich war kein Kind mehr und die wilde Heiterkeit musste jemals ein Ende haben.

mein neuer Knappe Akusch und so machten wir uns an einem schönen Novembertag gesund und munter auf den Rückweg nach Nürnberg. Die Kamele, der Bär und die Affen, die den Vagabunden weggenommen worden waren, wurden im Hallergarten sicher untergebracht , und die Schurken selbst waren gehängt worden, Gott sei ihrer Seelen gnädig!

Ann hatte die Nachricht von unserer Heimkehr erhalten, doch ich fand sie nicht in unserem Haus, und als ich bis zum Abend vergeblich auf sie gewartet hatte, suchte ich sie in ihrer eigenen Wohnung auf. Doch kaum hatte ich die Schwelle des Hauses in Venedig überschritten, wurde mir bewusst, dass nicht alles in Ordnung war; denn hier, wo immer ein halbes Dutzend Paar kleiner Füße auf und ab hüpften und vom Morgen bis zum Abend Musik und Gesang ohne Ende hörten, herrschte seltsame Stille. Ich stand da, um zuzuhören, und erkannte nun, dass die Metallplatte, auf die der Klopfer fiel, mit Filz umwickelt war.

Dies ließ Böses ahnen, und vor mir entstand eine Vision von zwei Bahren; Auf der einen lag Ann, blass und stumm, und auf der anderen die Liebste meines Cousins Götz , die schöne Gertrude, die Tochter des Kupferschmieds. Dann hörte ich Schritte auf der Treppe und die Vision verblasste; und ich atmete noch einmal auf, denn Anns Großvater, der alte Lautenspieler Gottlieb Spiesz , kam auf mich zu, mit tiefen Trauerfalten auf seinem freundlichen Gesicht und einem Finger auf den Lippen; und er erzählte mir, dass sein Sohn an einem heftigen Gehirnfieber litt und dass Meister Ulsenius seit gestern das Schlimmste befürchtet hatte.

Seine Stimme brach vor purer Trauer; Dennoch trug sein Diener seine Laute hinter sich her, und als er mir die Hand reichte, um mir einen guten Tag zu wünschen, sagte er mir, dass Ann es übertrieben habe, sich um ihren Vater zu kümmern. „Und ich“, sagte er, und seine Stimme klang müde, aber nicht bitter, „ich muss zur Arbeit gehen – hier wird so viel gebraucht, und Essen fällt niemandem in den Schoß! Zuerst zu den Tetzels , um den Jungen ein Madrigal beizubringen.“ zum fünfzigsten Geburtstag von Meister Jost zu singen . Und sie zählen auf deine Hilfe und die deines Bruders, süße Herrin. – Nun, Kinder, seid glücklich, solange es noch Zeit ist!“

Er fuhr sich mit der Hand über die Augen und schaute zum obersten Zimmer hinauf, wo sein Sohn mit schmerzendem Kopf lag, und so ging er hinaus, um unbeschwerten jungen Geschöpfen beizubringen, festliche Runden und Fänge zu singen.

In einer Minute hatte ich Ann in meinen Armen; ja, und sie war so süß und strahlend wie immer. Die strenge Pflicht, die sie erfüllen musste, war gesund gewesen, obwohl sie allen Grund hatte, um die Zukunft zu fürchten; denn mit ihrem Vater würde der Haushalt den Ernährer verlieren.

Herdegens treue Liebe versichern zu können und ihr die vielen freundlichen Worte zu wiederholen, die er über sie gesprochen hatte. Und sie war richtig froh, sie zu hören; und während die wahre Liebe eine Blume ist, die, wenn sie herabhängt, nur eines kleinen Tropfens Tau bedarf, um sie wieder zu beleben, hatte ihre schon kurz nach meinem letzten Brief ihren Kopf erhoben.

Und in dieser Zeit des schlimmsten Kummers, die sie je erlebt hatte, war ihr ein weiterer großer Trost zuteil geworden: Meister Ulsenius und seine gute Frau, die sie in der Nacht ihrer Rückkehr aus dem Wald bei sich untergebracht hatten, hatten große Lust gehabt zu ihr, und der gutherzige Blutegel, ein Mann von großer Gelehrsamkeit, war bereit gewesen, sie zur Nutzung seiner schönen Bibliothek zuzulassen. So fand ich Ann trotz ihres Kummers mutig und fröhlich; und wenn innige Gebete für einen kranken Mann ihm geholfen hätten, war es mir keine Schuld, als ihr Vater am fünften Tag nach meiner Heimkehr ein trauriges und schmerzliches Ende nahm. Als ich die Nachricht hörte, kam es mir vor , als hätte sich eine kalte Hand auf meinen frohen Glauben gelegt; Denn für eine arme, kurzsichtige Menschenseele war es in der Tat schwer zu erkennen, zu welchem Zweck und zu welchem Zweck dieser Mann in der Blüte seines Alters und seiner Kräfte hätte entführt werden sollen.

Um seine große Familie zu ernähren, das kleine Haus von Schulden zu befreien und eine kleine Summe beiseite zu legen, hatte er neben den Pflichten seines Amtes auch die Verwaltung bestimmter Privatgüter übernommen; So hatte er oft die Nacht zum Tag gemacht, und schließlich war er, obwohl ein tapferer Mann, an dem Hirnfieber erkrankt, das ihn dahingerafft hatte. Es schien also, als hätten ehrliche Arbeit und tapferer Fleiß nur das höchste Einkommen verdient, das einem Mann in seinem Lebensstand widerfahren konnte; nämlich: sich von denen zu trennen, die er liebte, sonst konnte er jemals für ihren zukünftigen Lebensunterhalt sorgen.

Wir folgten ihm alle bis zum Grab, und an der Bahre ihres würdigen Vaters traf Ann meinen Bruder zum ersten Mal wieder. Es war eine große Menschenmenge anwesend, und er konnte nichts weiter tun, als ihr mit stiller Begeisterung die Hand zu drücken; Doch gleichzeitig begegnete er ihrem

Blick mit einem so wahrheitsgetreuen Blick, dass es wie ein Versprechen, ein feierlicher Treueschwur wirkte.

Der Pfründner von St. Laurence, Meister von Hellfeld , hielt die Leichenpredigt, und das in recht erbaulicher Weise; und während er die Gelegenheit nutzte zu sagen, dass unser Herr und Erlöser alle zu seinen Gästen einladen und sich selbst als ihren Schuldner betrachten würde, der denen, die fortan keinen Vater mehr hatten, wahre christliche Liebe erweisen sollte, drückte Herdegen heimlich fest meine Hand.

Kunz war ebenfalls anwesend und stand neben dem Körper des Mannes, der ihn jemals am meisten von uns dreien geliebt hatte, und weinte so sehr, als hätte er seinen eigenen Vater verloren.

Die Herren des Rates waren alle versammelt, um jemandem die letzte Ehre zu erweisen, dessen Amt sie eng zusammengebracht hatte, und ich bemerkte, dass mehr als einer seinen Nachbarn anstupste, um Anns überdurchschnittliche Schönheit zu bemerken, die in ihrem schwarzen Gras zwischen ihren Jungen stand Brüder und Schwestern wie ein tröstender Engel, der mit den Weinenden weint und die Trauernden tröstet . Und so kam es, dass ich manche Väter schöner Töchter bekennen hörte, dass diese Magd in ganz Nürnberg nicht ihresgleichen an Schönheit hatte. Und das kam Herdegen zu Ohren, und ich konnte sehen, dass es seinen Geist erhob und ihn in seinen guten Absichten bestärkte.

Es geschah bald, dass er durch eine Tat zeigen konnte, was für ein Geist er war. Meister Holzschuher , der Notar, der ein enger Verwandter und ein guter Freund von Cousin Maud war, war vom verstorbenen Meister Spiesz zum Vormund seiner Kinder ernannt worden , und er war es, der eines Tages in unserem Haus sagte, dass die Witwe und Waisenkinder waren besser versorgt, als er erwartet hatte, und konnten ihr kleines Haus über dem Kopf behalten, wenn wohlhabende Nachbarn dazu bewegt werden konnten, ihre Geldbörsen zu öffnen und eine darauf lastende Schuld zu begleichen. Dann sprang mein Bruder auf und erklärte, dass die Familie eines aufrechten und treuen Dieners des Staates und eines Freundes der Schoppers bessere und ehrenhaftere Lebensbedingungen haben sollte als Bettlerpfennig. Er war noch nicht volljährig, hatte aber die Absicht, von unserem Vormund Im Hoff so viel von dem zu verlangen, was ihm zustehen würde, wie nötig war, um das Haus von der Schuldenlast zu befreien; und obwohl Meister Holzschuher darüber den Kopf schüttelte und dies keine leichte Sache war, die Herdegen unternommen hatte, machte er sich sofort auf den Weg, um seinen Großonkel aufzusuchen.

Von ihm wurde er in der Tat härter behandelt, als er erwartet hatte; denn der alte Mann machte die sorgfältige Verwaltung dieser Treuhandgelder zu einer Ehrensache, damit, wenn er darüber vor dem Stadtrat Rechenschaft ablegen sollte, an der Größe der Summe erkannt werden könne, wie klug und gut es sei teilte ihm mit, dass er eine Gehaltserhöhung erhalten habe. Was mein Bruder „Bettlerpence“ nannte, sagte er, sei ein wohlverdienter Guerdon, der der Familie des verstorbenen Angestellten eine Ehre ergebe und keine Schande darstelle; er war tatsächlich bereit, ein Drittel der Gesamtsumme auf eigene Kosten zu zahlen. Was das Geld betrifft, das unsere Eltern uns dreien hinterlassen haben, würde er sich nie von einem Penny trennen. Darüber hinaus hatte Anns seltener Charme sogar das Herz meines Großonkels berührt, und er hätte wirklich dumm gewesen sein müssen, wenn er nicht Herdegens wahre Gründe herausgefunden hätte; und das wäre in seinen Augen das Schlimmste, denn er war fest entschlossen, Ursula Tetzel und Herdegen zusammenzubringen, sobald mein Bruder die Doktorwürde erlangt hätte.

So geschah es, dass sich unser Großonkel zum ersten Mal im Zorn von seinem Lieblingsneffen trennte, und als Herdegen mit roten Wangen und fast außer sich nach Hause kam, gestand er mir, dass er es vorerst noch nicht gewesen sei Er war so dreist, dem alten Mann zu sagen, wie sehr er Ann verpflichtet war, hatte ihm aber ansonsten die klare Wahrheit gesagt.

Beim Abendessen aß Herdegen kaum einen Bissen, denn er konnte es nicht ertragen, dass seine Verlobte so tief sinken sollte, dass sie ein Almosen erhielt . Er stand mürrisch und bekümmert vom Tisch auf, und während Cousine Maud es nicht ertragen konnte, ihren Liebling in so großer seelischer Not zur Ruhe gehen zu sehen, führte sie ihn beiseite, und da sie bereits erraten hatte, wie die Dinge zwischen ihm und Ann standen, nicht Ohne Angst sprach sie freundlich zu ihm und erklärte sich bereit, das Haus Spiesz ohne fremde Hilfe von seinen Schulden zu befreien. Um ihn und ihre liebe Ann glücklich zu sehen, würde sie gerne weitaus größere Opfer bringen, denn tatsächlich wusste sie nicht immer, was sie mit ihrem eigenen Geld anfangen sollte.

Spätestens am nächsten Morgen wurde die Angelegenheit von unserem Notar vertraulich geklärt; Und obwohl Meister Holzschuher die Dinge so verwaltete, als hätte der Verstorbene Geld hinterlassen, um die Schulden zu begleichen, durchschaute Ann das, während ihre schöne Mutter sich nur gedankenlos über so viel Glück freute.

Von nun an war es Anns kleine Hand, die den vaterlosen Haushalt mit unerschütterlicher Sparsamkeit regierte, während Herrin Giovanna, wie immer, nur für die Kleidung der Kinder, dafür, dass sie ordentlich und sauber war, und für die Blumen im Fenster sorgte und die schönen Handarbeiten und die Kleinen zu streicheln, sobald sie ihre leichte Arbeit in der Küche erledigt hatte.

Es wurde ihr und den Ihrigen gewährt, fortan für immer im Haus an der Pegnitz zu wohnen , zwar demütig, aber ehrenhaft und ohne fremde Hilfe.

Ein Almosen wurde ihnen allerdings bald nach dem ersten Tag jedes Monats gespendet, und zwar im Geheimen; denn damals wurde auf der Schwelle des Saals unbedingt ein kleines Päckchen gefunden, in dem sich zwei ungarische Dukaten befanden. Und wer der Geber dieses freundlichen Zeichens war, wäre bis zum Jüngsten Tag geheim geblieben, wenn Susan nicht zufällig und zu seinem großen Ärger meinen Bruder Kunz verraten hätte. Mein Großonkel hatte ihm, seit er die Schule verlassen hatte, monatlich drei Dukaten geschenkt, und davon gab er heimlich immer zwei, um dem von Ann geführten Haushalt zu helfen. Unsere alte Susan war es, die ihm dabei half, und als er irgendwie daran gehindert wurde, das Päckchen auf die Schwelle zu legen, musste sie einen Vorwand finden, um zu dem kleinen Haus am Fluss zu gehen.

Der ehrwürdige Rat und viele Freunde, deren Wohlwollen der verstorbene Schreiber gewonnen hatte, brachten die Waisenkinder in die besten Schulen der Stadt, und was Ann als Schulleiterin im Kartäuserkloster gelernt hatte, gab sie nun an ihre jüngeren Schwestern weiter sorgfältiger Unterricht; und wie damals kümmerte sie sich liebevoll um ihren kleinen taubstummen Bruder.

LESEZEICHEN DES ETEXT-HERAUSGEBERS:

Sei glücklich, solange es noch Zeit ist, dass
die Deutschen jemals stolz auf einen Mann sind, der in der Lage ist, tief in eine neue Liebe einzutauchen, wenn er die dritte Brücke hinter sich gelassen hat. Der nicht allzu starke Faden meiner guten Geduld,
Vagabundenschurken, war bereits der Folter ausgesetzt

9 789359 946528

Printed at Repro India Ltd.